Peter Neuhaus

Kirchenschmelze

Sehnsucht nach einem galiläischen Frühling

BONIFATIUS

Bibliografische Information der Deutschen Nationalbibliothek

Die Deutsche Nationalbibliothek verzeichnet diese Publikation in der Deutschen Nationalbibliografie; detaillierte bibliografische Daten sind im Internet über http://dnb.ddb.de abrufbar.

Covergestaltung & Fotomontage: Karin Cordes
(unter Verwendung von Adobe Stock/nataba und Pixabay)

© 2020 by Bonifatius GmbH Druck · Buch · Verlag Paderborn

ISBN 978-3-89710-848-6

Gesamtherstellung:

Bonifatius GmbH Druck · Buch · Verlag Paderborn

Für Jutta, mein bestes Argument

Inhalt

„Was wäre das für ein Fest,
das nicht nur Kultfeier oder Feiertagsritual ist,
sondern Ernstfall humaner Verbundenheit;
und welch eine Kirche,
deren Erfüllung in ihrer Offenheit besteht!"
Tiemo R. Peters OP[1]

Zum Geleit

Ist die Kirche noch zu retten? Vermutlich nicht. Die Fakten sprechen eine allzu deutliche Sprache: Mitglieder wenden sich in Scharen ab, der sogenannte Priestermangel grassiert. Pfarrgemeinden werden fusioniert oder aufgelöst. Immer weniger Menschen werden getauft, besuchen einen Gottesdienst oder trauen sich kirchlich. Kirchliche Moralvorstellungen sind gesellschaftlich nicht mehr der Rede wert und werden selbst von gläubigen Katholiken kaum noch beachtet. Was also bleibt? Es bleibt ein „heiliger Rest", der seiner Kirche tapfer die Treue hält. Doch auch der schrumpft. Ich nenne das *Kirchenschmelze* und fasse damit einen Prozess zusammen, der seit Jahrzehnten langsam, aber stetig fortschreitet, sich zunehmend beschleunigt und nun in seine finale Phase eintritt. Von dem uns vertrauten kirchlichen Leben wird wahrscheinlich nicht viel übrigbleiben.

Die Reaktionen auf diese Kirchenschmelze fallen unterschiedlich aus. Diejenigen, die Kirche längst hinter sich gelassen haben, werden fragen: „Na und?" Eine

---

[1] Peters, Gott ist ein Zeitwort. Weltliche Schriftlesungen, Ostfildern 2012, 140f.

Kirche, die sich weigert, in der Gegenwart anzukommen, kann keine Zukunft haben. Damit ist die Sache für sie erledigt.

Diejenigen, die treu und standhaft zu ihrer Kirche stehen, werden sie entweder tapfer verteidigen und auf bessere Zeiten hoffen oder aber sich in strapaziösen Reformanstrengungen aufreiben in der Hoffnung, sie bewege sich doch irgendwann und finde wieder Anschluss an die Gegenwart und damit möglicherweise auch Wege in die Zukunft.

Und dann gibt es noch diejenigen – zu denen sich der Verfasser der vorliegenden kleinen Schrift zählt – die sich nach langem, mühevollen und zumeist schmerzhaften Streiten dazu entschlossen haben, ihre begrenzte Lebenszeit nicht länger damit zu verbringen, auf eine Reform der Kirche an Haupt und Gliedern zu hoffen, die aber zugleich Glaube, Christentum und Kirche nicht hinter sich lassen wollen, weil sie von deren persönlicher und gesellschaftlicher Notwendigkeit überzeugt sind.

Ich selbst jedenfalls habe der Kirche viel zu verdanken. In ihr ist mein Glaube gekeimt und gewachsen. In ihr bin ich den Menschen begegnet, die für mich maßgeblich wurden. Durch sie wurde mein ethischer Kompass geeicht, mein Denken geprägt und meine Hoffnung bestimmt. Nahezu alles, was heute für mich gilt, nahm seinen Anfang in dem Milieu Jesu von Nazareth, das mir kirchlich (wie denn auch sonst?) vermittelt wurde. Die Geschichten dieses Anfangs sind meine *„galiläischen Momente"*. Von ihnen will ich hier erzählen. Denn sie sind der Grund, warum ich der Kirche – meiner Kirche – nicht einfach den Rücken kehre, auch wenn ich an ihre Reformfähigkeit nicht mehr wirklich glauben kann.

Damit stellt sich unweigerlich die Frage: Wohin mit meinem Glauben, der keine Heimat mehr hat? Was tun mit meiner Sehnsucht nach Glaubensgemeinschaft, die ich kirchlich nicht mehr unterbringen kann? Kurz: Was bleibt, wenn Kirche geht?

Wenn der Schnee schmilzt, kommt der Frühling. Dann stelle ich einen großen Holztisch in den Garten unseres alten Hauses und Stühle darum herum und etwas zu essen und zu trinken darauf. Meine Familie, Nachbarn und Freunde nehmen Platz. Und wir beginnen zu erzählen von dem, was war, was ist und was kommen mag.

Vielleicht folgt ja auch auf die Kirchenschmelze ein *neuer Frühling* – ich möchte ihn *galiläischen Frühling* nennen –, an dem noch einmal neu beginnt, was damals – in Galiläa – begann, als Jesus Menschen in seine Nachfolge rief, um einer neuen Zeit den Weg zu bahnen. Und vielleicht reicht dazu vorerst ja ein Tisch, an dem wir uns versammeln, um das Wort zu hören und Brot und Wein zu teilen und dann das Notwendige zu tun.

Wo dieser Tisch steht – außerhalb, am Rande oder auch inmitten einer Kirche – ist gar nicht wichtig. Denn nicht auf den Ort kommt es an, sondern auf den Gastgeber, der uns einlädt und sagt: „Tut dies zu meinem Gedächtnis." (Lk 22,19-20)

Erstes Kapitel:
Kirchenschmelze

Wenn dein Pferd tot ist …

Ein indianisches Sprichwort sagt: „Wenn dein Pferd tot ist, steig ab." Ist es für die Kirche schon so weit?

Wenn ich „die Kirche" sage, muss ich genauer werden: Ich meine die römisch-katholische Kirche in Deutschland. Ob meine Erfahrungen, Einsichten und Aussichten auch für die evangelische Kirche in Deutschland gelten (schon dieser Singular ist ja problematisch), oder ob sie für die katholische und/oder evangelische Kirche über Deutschland hinaus von europäischer oder gar weltweiter Relevanz sein können, schließe ich weder ein noch aus. Ich lasse die Entscheidung darüber vielmehr auf sich beruhen und bleibe „daheim", also bei „meiner" deutschen, römisch-katholischen Kirche. Denn da kenne ich mich aus.

Ich wurde (1964) in eine „gut katholische" Familie getauft, ging zur Erstkommunion und Firmung, wurde geprägt durch die Kinder- und Jugendarbeit meiner Heimatpfarrei, war Messdiener und Lektor, studierte katholische Theologie in Münster, wurde an der philosophischen Fakultät der Universität des Saarlandes mit einer theologischen Arbeit promoviert und war eine Zeitlang im kirchlichen Dienst des Erzbistums Paderborn tätig. Ich bin kirchlich verheiratet mit einer (katholische Religion unterrichtenden) Frau aus ebenfalls katholischem Hause im katholischen Sauerland/Westfalen und bin Vater dreier katholisch getaufter, zur Erstkommunion und (in zwei Fällen) zur Firmung gegangener

Kinder. Früher zählte ich zu den regelmäßig, später nur noch sporadisch und in letzter Zeit wieder häufiger an den sonntäglichen Gottesdiensten meiner Wahlheimat-Gemeinde Teilnehmenden. Kurz: Ich gehöre zu der noch immer weit verbreiteten, aber im Schwinden begriffenen Spezies „praktizierender" Katholiken, die das Programm ihrer Kirche ziemlich vollständig durchlaufen haben. Und unbeschadet der Tatsache, dass ich vor über 20 Jahren aus der römisch-katholischen Kirche als Körperschaft öffentlichen Rechts „ausgetreten" bin, bleibt es doch dabei: Ich bin katholisch bis auf die Knochen. Der Katholizismus gehört zu meiner DNA. Ohne ihn wäre ich nicht der, der ich bin. Es gibt Gründe, damit zu hadern, und es gibt Gründe, damit einverstanden zu sein. Wie auch immer ich mich zu diesen Gründen verhalte – an der nackten Tatsache selbst ändert es nichts. Auf mich trifft also – wie auf Millionen anderer katholischer Menschen – die ebenso trockene wie treffende Formel der Kirche zu: *einmal katholisch – immer katholisch*.

Heute denke ich an diese katholische Imprägnierung mit einer Mischung aus Verwunderung, Befremden, Schmerz, Empörung, Trauer und Sehnsucht zurück wie an ein längst von der Karte meines Lebens verschwundenes Land oder wie an eine vor Jahren erloschene Beziehung, die ich in mir trage als eine starke Erinnerung, zu der ich jedoch je länger je weniger eine Entsprechung in der Gegenwart finden kann. Denn das Allermeiste von dem, was mich und viele Angehörige meiner Generation geprägt hat, gibt es schlicht und einfach nicht mehr. Ich verrate kein Geheimnis: Die katholische Kirche in Deutschland schmilzt wie Schnee an der Sonne.

Wie Schnee an der Sonne

Eine Vorbemerkung zu den folgenden „Zahlenspielen" sei mir gestattet: Die Befunde sind keineswegs neu.[2] Sie sollen an dieser Stelle lediglich die tiefe Zäsur verdeutlichen, in der sich die katholische Kirche in Deutschland gegenwärtig befindet. An einer Deutung der Zahlen werde ich mich gar nicht erst versuchen. Eine Heerschar von Kirchensoziologinnen und -soziologen, Theologinnen und Theologen und natürlich die amtlichen Funktionsträger der Kirche selbst ziehen ihre jeweiligen Schlüsse aus diesen Zahlen, die allerdings unbeeinflusst davon weiter auf eine rückstandslose Kirchenschmelze zulaufen. Was ist los?

- *Die Anzahl der Kirchenmitglieder schmilzt*

Sie sank von 26,8 Mio. im Jahr 2000 auf 23,3 Mio. im Jahr 2017 (minus 13 Prozent). Allein 2017 verließen 270.000 Katholiken ihre Kirche. Rund 167.500 davon traten aus, den Rest besorgte der demografische Wandel. Neuzugänge und Wiedereintritte ändern nichts an diesem Aderlass.
Damit ist die katholische Kirche immer noch weit davon entfernt, zahlenmäßig zur Sekte zu werden. Doch man täusche sich nicht: Einer im Auftrag des Erzbistums München und Freising erstellten Studie unter dem Titel „Kirchenmitglied bleiben?"[3] zufolge gaben 41 Prozent

---

[2] Die Deutsche Bischofskonferenz stellt umfangreiches statistisches Material zur Verfügung, auf das im Folgenden zumeist Bezug genommen wird: https://www.dbk.de/kirche-in-zahlen/kirchliche-statistik.
[3] Vgl. dazu: Calmbach/Flaig/Möller-Slawinski, Kirchenmitglied bleiben? Ergebnisse einer repräsentativen Befragung des Sinus-Instituts unter Deutschlands Katholiken (München 2018).

der Befragten an, schon einmal mit dem Gedanken an einen Kirchenaustritt gespielt zu haben. Die Bindung katholischer Menschen an ihre Kirche erodiert massiv. Die reale Zahl der Austritte stellt nur die sichtbare Spitze eines Eisbergs dar, dessen weitaus größerer Teil sich – noch – unterhalb der Sichtbarkeitsschwelle befindet, aber bald schon zutage treten wird.

Die Frauen halten der Kirche noch am ehesten die Treue. Ohne sie wären Liturgie, Pastoral und jede Form der Gemeindearbeit längst zusammengebrochen. Sie sind Gemeindereferentinnen und Küsterinnen, Messdienerinnen und Lektorinnen, bereiten junge Menschen auf die Erstkommunion und die Firmung vor, stemmen Sternsingeraktionen, putzen, schmücken und führen ergrauenden Pfarrern den Haushalt. Doch auch ihre Geduld ist endlich. Im Frühjahr 2019 formierte sich, von einem kleinen Kreis katholischer Frauen in Münster ausgehend, die Bewegung „Maria 2.0". Sie ruft zu etwas nie Dagewesenem auf – zum Kirchenstreik: „Es reicht!" Und sie stellt der Männerkirche ein Ultimatum: Ändert euch – oder wir sind weg. Die Kirchenmänner sind nervös. Manche zeigen Sympathie, andere sind empört. Die meisten schweigen. Wie auch immer – der Aufstand der Frauen ist ein Lebenszeichen, vielleicht das letzte, das öffentlich vernehmbar ist.

Die stetig sinkende Mitgliederzahl schlägt übrigens noch nicht negativ auf die Kirchensteuereinnahmen durch. Diese steigen aufgrund der positiven Lohnentwicklung in Deutschland vielmehr stetig an. Sie betrugen 2017 rund 6,43 Milliarden Euro (2016: 6,15 Mrd. Euro, also ein Plus um rund 280 Mio. Euro innerhalb eines Jahres).[4]

---

[4] Mittel- bis langfristig wird sich der Mitgliederschwund jedoch auch finanziell bemerkbar machen. Bei der bis 2060 zu erwartenden Halbierung der Mitgliederzahlen auf dann noch etwa 22, 7 Mio.

● Die Anzahl der katholischen Priester schmilzt

Dieser Trend schlägt aufgrund der Schlüsselstellung des Priesters mit voller Wucht auf das zentrale Nervensystem des kirchlichen Organismus durch. Ich kann mich gut daran erinnern, wie eine Abordnung unserer Pfarrgemeinde Jahr für Jahr zu Pfingsten in den Hohen Dom zu Paderborn pilgerte, um dort der feierlichen Weihe von Neupriestern beizuwohnen. Das ist längst Geschichte. Die Zahl der Welt- und Ordenspriester sank bundesweit in den Jahren 2000 bis 2017 von 17.129 auf 13.560 (minus 20,1 Prozent), die Zahl der Neupriester im selben Zeitraum von 154 auf 74 (minus 48,1 Prozent). Es gibt Jahre, in denen Bistümer gar keinen Neupriester zu verzeichnen haben (in den Bistümern Görlitz und Osnabrück 2017). Häufig handelt es sich nur noch um einen einzigen Weihekandidaten (so in den Bistümern Aachen, Erfurt, Essen, Hamburg, Magdeburg und Würzburg 2017).[5]

In der Folge steigt das Durchschnittsalter amtierender Priester kontinuierlich an. Es liegt derzeit bei rund 65 Jahren, wodurch sich in den nächsten Jahren die Schere zwischen der Zahl der in Pension gehenden Priester und derjenigen der Neuzugänge weiter und schneller öffnen wird. Die Versorgungslücke wird notdürftig durch den „Import" ausländischer Priester kaschiert. Gegenwärtig sind rund 30 Prozent des amtierenden Klerus ausländischer Herkunft. Aber sicher ist: Sie wird dadurch nicht ansatzweise geschlossen, zumal der Zuzug von

---

Kirchenmitglieder beider Konfessionen wird auch der finanzielle Spielraum der Kirche deutlich enger, erläutert das Forschungszentrum Generationenverträge (FZG) der Albert-Ludwig-Universität Freiburg in seiner jüngsten Studie vom Mai 2019 (Quelle: Deutsche Bischofskonferenz).

[5] Vgl. Sekretariat der Deutschen Bischofskonferenz, Katholische Kirche in Deutschland. Priesterweihen nach Diözesen 1962-2017.

ausländischen Priestern nach Deutschland durch den zunehmenden Priestermangel in deren Herkunftsländern in den kommenden Jahren ebenfalls abflauen dürfte, zumindest dann, wenn man den Mangel hierzulande nicht dadurch zu kurieren sucht, dass man ihn anderswo schafft.

● *Die Anzahl der katholischen Pfarreien schmilzt*

Die Zahl katholischer Pfarreien sank von 13.241 im Jahr 2000 auf 10.191 im Jahr 2017 (minus 24,5 Prozent). Die klassische Pfarrei, die mir aus meiner Kindheit und Jugend geläufig war, ist in weiten Teilen des Landes längst von der Bildfläche verschwunden. Heute spricht man von Seelsorgeeinheiten, Bezirken, Pastoralen Räumen oder Pastoralverbünden, in denen mindestens zwei, zumeist aber weit mehr Pfarreien zusammengeführt werden. So werden im Bistum Berlin 104 Pfarreien bis 2020 zu 30 pastoralen Räumen verschmolzen und im Erzbistum München und Freising 748 Pfarreien auf Dauer zu 230 Pfarrverbänden. Vergleichbare Fusionen finden in allen 27 deutschen Bistümern statt.

Mit den Pfarreien verschwinden auch die Kirchen. Die Schließung von immer mehr Kirchengebäuden beschäftigt längst nicht mehr nur Bischöfe, Kirchenvorstände und Theologen, sondern auch Bürgermeister und Kommunalpolitiker, Architekten und Städteplaner, Investoren und Pächter, Touristen und Kulturschaffende.

Viele der rund 24.000 katholischen Kirchengebäude sind in ihrem Bestand gefährdet.[6] Mich überkommt ein

---

[6] Vgl. dazu: Halbfas, Die Zukunft unserer Kirchengebäude. Problemlage und Lösungswege (Düsseldorf 2019).
Allein in Nordrhein-Westfalen sind 1500 der rund 6000 Kirchen von Leerstand und Verfall bedroht. Die gemeinnützige Initiative Stadt-BauKultur, eine Partnerorganisation des Landes NRW, hat deshalb einen Projektaufruf „Zukunftskonzept Kirchenräume" zur Umnut-

mulmiges Gefühl, wenn ich von Kirchenschließungen, -umwidmungen und -abrissen höre oder lese. Denn aus meiner Kindheit und Jugend erinnere ich noch gut das genaue Gegenteil: die Neugründung von Pfarreien, den Neubau von Kirchen- und Gemeindezentren und meinen Stolz, als Messdiener an der Einweihung einer neuen Kirche teilnehmen zu dürfen. Es tut gut, wenn das, wovon man überzeugt ist, lebt und wächst. Und umgekehrt schmerzt es zu erleben, wenn es eintrocknet und stirbt und leere Hüllen übrigbleiben, die mitten in unseren Städten seelenlos herumstehen und auf eine (zumeist) säkulare Anschlussverwendung warten.

Das Verschwinden der Kirchen aus unseren Städten ist ein hoch-symbolischer Akt. Denn Kirche, Rathaus und Markt bildeten seit der Entstehung der Städte im Mittelalter die Gravitationszentren, um die sich das öffentliche und private Leben der Bürgerinnen und Bürger drehte. Charles Baudelaire fand dafür das schöne Wort von den „Glockentürme(n), die ihr der Städte Masten seid".[7] Noch heute bewegen wir uns entlang dieser oft Jahrhunderte alten Feldlinien, wenn wir etwa als Touristen in den großen Städten Europas unterwegs sind. Ob der Kölner Dom, das Straßburger Münster, Santa Maria del Fiore in Florenz, St. Paul's Cathedral in London, die Sagrada Familia in Barcelona, Notre Dame in Paris und natürlich St. Peter in Rom – man denke sich für einen Moment all diese Kirchen und dazu all die religiös ausgezeichneten Orte und deren Geschichten aus unseren Städten weg: Wohin würden die Millionen Besucher ihre Schritte lenken und worauf würden sie ihre Neugierde richten? Würde etwas fehlen – selbst dem

---

zung nicht mehr genutzter Kirchen gestartet: https://www.zukunft-kirchen-raeume.de.
[7] Charles Baudelaire, Pariser Bilder, zit. nach Augé, Nicht-Orte (4. Aufl. der dt. Übersetzung, München 2014), 82.

noch, der eben nur als Tourist in sie eintritt und nicht (mehr) als Christ? Ich vermute: ja!

In den entwidmeten Kirchengebäuden nisten sich Cafés, Kindergärten, Geldinstitute, Turnhallen, Büchereien, Wohnungen oder Kolumbarien ein. Nietzsche hatte in der Fröhlichen Wissenschaft die Kirchen immerhin noch als Grüfte und Grabmäler Gottes bezeichnet. Ich gestehe offen: Eine nicht genutzte Kirche als „Grabmal Gottes" ist mir immer noch lieber als ein Fitnessstudio. Denn ein Grabmal weist zumindest noch auf den hin, der einmal unter den Lebenden war, und hält ihm erinnernd die Treue. Eine zur Shopping-Mall umgebaute Kirche weist auf überhaupt nichts mehr hin außer auf das, was ohnehin schon gang und gäbe ist: die pure Immanenz.

Dem Verlust kirchlich gebundener Raumkoordinaten ließe sich der Verlust kirchlich gebundener Zeitkoordinaten an die Seite stellen, der weniger augenfällig ist, weil er sich schon länger abspielt. Wenn ich, der ich in einer ländlichen Kommune lebe, Besuch aus der Großstadt bekomme, wundert der sich oft über das Glockengeläut am Sonntagmorgen, Langschläfer sind auch schon mal genervt. Doch auch die Genervten merken: Irgendetwas ist anders an diesem Tag. Das Gewöhnliche erfährt eine kurze Unterbrechung. Und für einen Moment wird die endlose Zeitschleife angehalten, in der wir allesamt gefangen sind ...

Die rasante Kirchenschmelze ist jedoch nicht nur eine „äußere", auf Mitgliederzahlen, den Mangel an hauptamtlichen Funktionsträgern oder das Wegbrechen organisatorischer Strukturen bezogene, sondern auch eine „innere", die nicht weniger rasch verläuft.

- *Die Anzahl der regelmäßigen
  Gottesdienstbesucher schmilzt*

Die Zahl der regelmäßigen Gottesdienstbesucher halbierte sich im Zeitraum 2000 bis 2017 nahezu von 4,4 auf 2,3 Mio. Noch krasser stellt sich die Situation im Blick auf die Altersverteilung dar: Gerade 9,4 Prozent der 18- bis 29-Jährigen bezeichnen sich selbst als praktizierend. Am anderen Ende finden sich die 75 Jahre und älteren Katholiken mit 51 Prozent.

Aus eigener Erfahrung kann ich berichten: Während meine Eltern und ihre drei Kinder mit einer Selbstverständlichkeit, mit der die Sonne seit Menschengedenken im Osten auf- und im Westen wieder untergeht, jeden Sonntag in die Kirche gingen, besucht keines meiner eigenen drei (15, 21 und 23 Jahre alten) Kinder noch regelmäßig einen (Sonntags-)Gottesdienst. Innerhalb von nicht mehr als 30 Jahren ging der Gottesdienstbesuch also von 100 (meine Eltern und ihre Kinder) auf 0 Prozent (meine Kinder) zurück, was gewiss keine Ausnahme darstellt, sondern sich so oder so ähnlich in unzähligen katholischen Familien abspielt.

Was für den sonntäglichen Gottesdienstbesuch gilt, lässt sich auch für andere Parameter durchexerzieren, an denen die aktive Teilnahme am kirchlichen Leben für gewöhnlich abgelesen wird. Nehmen wir nur die Knotenpunkte im Leben eines Katholiken – Taufe, Hochzeit und Beerdigung: Zwischen 2000 und 2017 ging die Zahl der katholischen Taufen von 232.920 auf 169.751 (minus 27,1 Prozent), die der Trauungen von 64.383 auf 42.523 (minus 33,9 Prozent) und selbst die der Bestattungen von 268.611 auf 243.824 (minus 9,9 Prozent) zurück.

● *Persönliche Glaubensüberzeugungen schmelzen*

Auch persönliche Glaubensüberzeugungen werden zunehmend vage oder unsichtbar. Hierzu hat die Forschungsgruppe Weltanschauung (FOWID 2002) Interessantes zusammengetragen: Immerhin 93 Prozent der über 60-jährigen Katholikinnen und Katholiken glauben an Gott, bei den Jüngeren (16 bis 29 Jahre) sind es 74 Prozent. Den christlichen Begriff des dreieinigen Gottes aus Vater, Sohn und Heiligem Geist teilen allerdings auch unter den Älteren nur 71 Prozent, bei den Jüngeren sind es gerade 40 Prozent. Die Erschaffung der Welt bekennen 73 Prozent der mindestens 60-Jährigen und 38 Prozent der Jüngeren. An die Auferstehung der Toten glauben 54 Prozent der Älteren und nur 27 Prozent der Jüngeren.[8]

● *Die Verbindlichkeit der Morallehre schmilzt*

Die Ausrichtung des eigenen Lebens an der Morallehre der Kirche ist ein wesentlicher Gradmesser für die Bindungskraft der Kirche. Die Forschungsgruppe Weltanschauung (FOWID) gibt mit Bezug auf eine Umfrage des Instituts für Demoskopie Allenbach (IfD) aus dem Jahr 2013 unter anderem folgende Auskünfte: Weniger als zwei Prozent der Katholiken teilen die kirchliche Ablehnung der „Pille". Nur drei Prozent lehnen die Ehe ohne Trauschein ab. Lediglich vier Prozent sprechen sich strikt gegen eine Scheidung aus. Zwei Drittel plädieren für die Möglichkeit einer kirchlichen Wiederheirat. Der Großteil der Mitglieder der katholischen Kirche spricht sich für die Anerkennung homosexueller Partnerschaften aus.[9] Kurz:

---

[8] Vgl. https://fowid.de/meldung/glaubensvorstellungen-katholiken-2002.
[9] https://fowid.de/meldung/lebensauffassungen-kathol.

Auch unter Katholiken ist die kirchliche Sexual-, Ehe- und Familienmoral schlichtweg nicht mehr der Rede wert. Dass mein Vater (Jahrgang 1926) noch einen beschleunigten Puls bekam, wenn wir das Wort „Pille" nur erwähnten, klingt für meine eigenen Kinder wie eine schrullige Anekdote aus dem Pleistozän.

- *Das Vertrauen in kirchliche Autoritäten schmilzt*

Der Autoritätsverfall kirchlicher Eliten ist rasant: 2018 schenkten 54 Prozent der Deutschen dem Papst (als Repräsentant des katholischen Klerus) ihr Vertrauen, 2019 sind es noch 34 Prozent (minus 20 Prozent binnen eines Jahres). Und während 2018 noch 27 Prozent der Deutschen der katholischen Kirche Vertrauen entgegenbrachten, sind es 2019 bloß noch 18 Prozent.[10]

Blick in den Abgrund

Der erdrutschartige Vertrauensverlust in die katholische Kirche hat viele Gründe, aber einen, der alle anderen in den Schatten stellt: den weltweiten sexuellen Missbrauch von Kindern, Jugendlichen und Erwachsenen durch Angehörige des kirchlichen Klerus, der ohne jede Übertreibung als Super-GAU bezeichnet werden muss. Von ihm wird sich die Kirche – wenn überhaupt – nur dann erholen können, wenn sie sich von Grund auf erneuert. Dazu muss sie sich zuallererst zu einer vorbehaltlosen Aufklärung des durch sie in die Welt gebrachten Unheils bereitfinden, ihre Verantwortung und

---

[10] https://fowid.de/meldung/usa-deutschland-vertrauen-in-den-klerus-erschuettert.

Schuld anerkennen, die Opfer um Verzeihung bitten und sie angemessen „entschädigen".

Einen mikroskopisch kleinen Blick in den Abgrund dieses unsäglichen Verbrechens an Kindern und Jugendlichen habe ich in der Person eines nahen Verwandten werfen müssen: D. war als Kind und Jugendlicher mit Leib und Seele in seiner ländlichen Heimatgemeinde im Erzbistum Paderborn als Messdiener, Mitarbeiter in der Jugendarbeit und Küster tätig. Seiner Gemeinde galt seine ganze Leidenschaft und seinem Pfarrer sein ganzes Vertrauen – bis zu dem Moment, als dieser während einer Jugendfreizeit des Nachts seine Hand in unzweideutiger Absicht nach ihm ausstreckte. D. wurde in seinen Grundfesten erschüttert. Alles, woran er bisher sein Leben festgemacht hatte – sein Glaube, seine Gemeinde, sein Priester – zerbrach in tausend Scherben. Er legte alle Aufgaben nieder, verließ seine Gemeinde und verlor seinen Glauben an einen gütigen Gott. Er hat ihn niemals wiedergefunden. Mit 34 Jahren nahm er sich das Leben. Gründe dazu gab es genug. Von einem habe ich gerade berichtet.

Je länger diese Unheils-Geschichte andauert, desto größere Abgründe tun sich auf. Erst im Januar 2019 räumte der Papst den sexuellen Missbrauch von Nonnen in der Kirche ein. Eine weitere Dimension zeigt sich unter dem Stichwort „spiritueller Missbrauch". Dahinter verbirgt sich die bewusste Konstruktion von Abhängigkeitsverhältnissen und die gezielte Verletzung spiritueller Autonomie von Gläubigen durch kirchliche Amts- und Funktionsträger. Das Wertvollste, was Menschen in sich tragen – der „Geschmack fürs Unendliche" (Friedrich Schleiermacher) – wird so zum Toxin, das ungezählte Existenzen vergiftet hat und immer noch vergiftet.[11]

---

[11] Vgl. dazu: Wagner, Nicht mehr ich. Die wahre Geschichte einer jungen Ordensfrau (Freiburg i.Br. 2014).

Behandlungswiderstände

Die Kirche müsste sich unter dem enormen Druck der soeben skizzierten Schmelze schnellstmöglich von Grund auf erneuern. Doch das tut sie nicht. Warum geht kein Ruck durch unsere Kirche? Warum dieser endlose mühe-, ja qualvolle Abwehrkampf selbst gegen die kleinsten Veränderungen? Was ist – um den psychoanalytischen Jargon zu bemühen – der „Krankheitsgewinn", der die Verantwortlichen davon abhält, zu ändern, was unverändert offensichtlich nicht zu retten ist?

Ist es „Macht"? Die Macht einer Männerhierarchie, die sich aufführt wie die letzte Generation der DDR-Funktionäre, die ihren maroden Staat noch feierten, als dessen Totenglocken schon überall im Land vernehmbar waren? Ich zweifle. Denn die Mehrzahl dieser Männer weiß ebenso gut wie unsereiner, dass sie je länger je mehr wie nackte Kaiser dastehen, über die sich ein vorüberziehendes Publikum vielleicht noch wundert, an denen es aber ansonsten unbeeindruckt vorbeigeht.

Ist es also der „Glaube"? Der Glaube an die Unabänderlichkeit kirchlicher Regelwerke, die für so sakrosankt erachtet werden, dass es einer Beschädigung des Glaubens selbst gleichkäme, sie anzutasten? Ich zweifle. Denn die Verantwortlichen sind in der Regel theologisch gut informiert. Kaum ein Theologe wird heute noch ernsthaft behaupten wollen, dass sich der Jude Jesus von Nazareth in den wenigen Jahren zwischen der Zeitenwende und seinem frühen Tod um 30 nach Christus über die Satzung der katholischen (oder sonst einer) Kirche viele Gedanken machen konnte, also weder die Spielregeln für ein späteres Weihepriestertum noch die Sanktionen definieren wollte, die etwa mit der Trennung eines katholisch verheirateten

Ehepaars verbunden sein würden. Auch die Leitungsstrukturen einer global agierenden Religionsagentur
wird er im Galiläa seiner Zeit nicht für alle Zeiten vor-
weggenommen und in Stein gemeißelt haben. Dass
das, was er zu sagen und mit seinem Leben und Tod zu
unterschreiben hatte, der Fortsetzung über sein irdi-
sches Wirken hinaus aller Mühe wert sein würde, wird
er sich gedacht und dafür geworben haben. Die Aufstellung eines komplexen Regelwerks aber wird er
schon deshalb nicht auf dem Radar gehabt haben, weil
sein Leben und Wirken bestimmt war von der Naher-
wartung des Gottesreiches. Im Zeithorizont dieser Er-
wartung ist die Ausarbeitung einer Kirchenverfassung
nicht unterzubringen.

Doch was dem historischen Jesus bei gutem theologischen Gewissen kaum mehr abzulauschen sein dürfte,
ist dem ehernen Traditionsprinzip der katholischen Kirche allemal noch zuzutrauen, selbst bei jenen Vertretern der kirchlichen Hierarchie, die für gewöhnlich zu
den reformfreudigen gezählt werden. Der deutsche Ku-
rienkardinal Walter Kaspar etwa äußerte jüngst vor
dem Hintergrund der Frauenproteste Maria 2.0 zwar
Verständnis für die Unzufriedenheit von Frauen aufgrund ihrer mangelnden Präsenz in Führungspositionen
und zählte geflissentlich auf, welche Fortschritte die Kirche in den letzten Jahren an dieser Stelle bereits unter-
nommen habe. Die Gretchenfrage der amtlichen Wei-
hegewalt jedoch beantwortete Kaspar unzweideutig:
„Für das priesterliche Amt freilich gibt es auf der Grund-
lage des Neuen Testaments eine ununterbrochene Tradition nicht nur der katholischen Kirche, sondern in
allen Kirchen des ersten Jahrtausends, wonach die
Priesterweihe Männern vorbehalten ist. (...) Papst Johannes Paul II. hat endgültig festgehalten, dass die

Kirche keine Vollmacht zur Priesterweihe von Frauen hat. Daran sieht sich auch Papst Franziskus gebunden."[12]

Die Beharrungskräfte einer für unantastbar erklärten Kirchenstruktur mögen ihrer Reform also im Wege stehen. Aber hinzu kommt gewiss ein überaus weltliches – und in seiner Weltlichkeit durchaus verstehbares – Reformhindernis, und zwar die schiere und obendrein stetig zunehmende Größe der Weltkirche mit 1,3 Milliarden Mitgliedern (17,7 Prozent der Weltbevölkerung): In Amerika leben derzeit 625 Millionen Katholiken, in Europa 285 Millionen, in Afrika 222 Millionen, in Asien 141 Millionen und in Ozeanien 10,2 Millionen Lediglich etwa 17 Prozent aller Mitglieder der katholischen Kirche leben in Europa (davon nicht einmal zwei Prozent in Deutschland), dem einzigen Kontinent, in dem die Zahl der Katholiken zurückging (um 0,21 Prozent im Jahr 2015). In allen übrigen Kontinenten nimmt sie Jahr für Jahr zu.

Wer auf der Kommandobrücke dieses Giga-Tankers wollte sich für einen grundlegenden Kurswechsel stark machen, ohne dabei unabsehbare Risiken einzugehen? Jeder, der auch nur eine blasse Vorstellung vom enormen Beharrungsvermögen von Institutionen eines solchen Ausmaßes hat, wird sofort einsehen, dass es hier aus Sicht der Verantwortlichen größter Vorsicht und Zurückhaltung bedarf, insbesondere dann, wenn Impulse zur Kurskorrektur ausgerechnet vom zahlenmäßig eher untergeordneten und zudem schwächelnden Teil der Besatzung kommen. „Wir denken in Jahrhunderten": Wo, wenn nicht hier hätte (immer aus Sicht der Kommandobrücke des Kirchenschiffs betrachtet) dieses vatikanische Handlungsprinzip seinen Platz und seine Berechtigung?

---

[12] Walter Kaspar in: Schuldzuweisungen helfen nicht weiter (Frankfurter Rundschau vom 4. Juni 2019)

Die tapferen Reformerinnen und Reformer seien an Heinrich Heine erinnert, der sich in seinen wilden Jahren ebenfalls am römischen Katholizismus die Hörner gestoßen hatte, in seinen späten Geständnissen jedoch altersmilde resignierte und in der ihm eigenen Ironie bemerkte: „Ich kenne zu gut meine geistige Taille, um nicht zu wissen, dass ich einem Kolosse, wie die Peterskirche ist, mit meinem wütendsten Anrennen wenig schaden dürfte; nur ein bescheidener Handlanger konnte ich sein bei dem langsamen Abtragen seiner Quadern, welches Geschäft freilich doch noch viele Jahrhunderte dauern mag.“[13]

Am Ende noch einmal von vorn

Damit bin ich am Ende. Das Pferd ist allem Anschein nach nicht zu retten. Also steige ich ab und gehe zu Fuß weiter. Aber wohin …? Und mit wem …? Und wozu …? Fragen über Fragen. Gäbe es außer der trostlosen Kirchenschmelze nichts zu erzählen, hätte ich gar nicht erst damit angefangen. Denn das meiste davon ist ja nicht neu, sondern verfolgt mich schon so lange. Es macht mich ratlos und wütend und frisst an den Fundamenten meines Lebens und Glaubens.
Das gilt nicht nur für mich. So viele haben die Hoffnung längst aufgegeben. So viele sind allein mit ihrer Glaubenseinsamkeit. So viele sehnen sich nach einem Ort, an dem sie einkehren könnten wie die Jünger von Emmaus, nachdem ihnen jeder Grund zu glauben und zu hoffen abhandengekommen war unter den Einschlägen von Golgotha …

---

[13] Heine, Geständnisse (in: Werke Bd. 4, Frankf. a.M. 1968), 519.

Nach diesem Ort der Einkehr und des Neubeginns suche auch ich. Schon lange. Und immer noch. Ich täte das nicht, wenn ich nicht bis heute fortwirkende „galiläische Momente" erlebt hätte, in denen mein Glaube beginnen und wachsen und Gestalt annehmen konnte inmitten einer Kirche, die für lange Zeit die Heimat meines Glaubens war.

Diese „galiläischen Momente" sind der Grund, weshalb die Geschichte, die ich hier erzähle, nicht schon jetzt zu Ende ist. Sie sind der Grund, um noch einmal ganz von vorn zu beginnen.

Zweites Kapitel:
Galiläische Momente

Jakobs Traum

Lange Zeit wusste ich nicht, dass mein ältester Traum ein religiöser war: Ich fahre mit meinen Eltern in unserem hellblauen VW-Käfer an einen einsamen Ort. Dort steigen wir aus. Wir erklimmen eine Leiter, die bis in den Himmel reicht. Oben angelangt, befinden wir uns in einem Waldstück. Die Sonne scheint hell durch die Zweige der Bäume. Wir gehen spazieren. Ich fühle mich wohl. Nach einer Weile kehren wir an unseren Ausgangspunkt zurück. Wir steigen die Leiter hinab und fahren nach Hause. Mir gefiel dieser Traum. Ich träumte ihn mehrfach.

Von Jakobs Traum erfuhr ich erst später: „Siehe, eine Treppe stand auf der Erde, ihre Spitze reichte bis in den Himmel. Und siehe: Auf ihr stiegen Engel Gottes auf und nieder. Und siehe, der Herr stand vor ihm und sprach: Ich bin der Herr, der Gott deines Vaters Abraham und der Gott Isaaks. Das Land, auf dem du liegst, will ich dir und deinen Nachkommen geben. Deine Nachkommen werden zahlreich sein wie der Staub auf der Erde. Du wirst dich nach Westen und Osten, nach Norden und Süden ausbreiten und durch dich und deine Nachkommen werden alle Sippen der Erde Segen erlangen. Siehe, ich bin mit dir, ich behüte dich, wohin du auch gehst, und bringe dich zurück in dieses Land. Denn ich verlasse dich nicht, bis ich vollbringe, was ich dir versprochen habe." (Gen 28,12-15)

Mein bisheriges Leben spielt sich auf einer Leiter zwischen Himmel und Erde ab. Mal geht es ein paar Sprossen hinauf. Mal geht es ein paar Sprossen hinab. Weder stand ich je mit beiden Beinen fest auf der Erde, noch erreichte ich jemals den Himmel, so sehr ich ihn bisweilen auch ersehnte. Erst jetzt höre ich dann und wann das kaum vernehmbare Flüstern Gottes: „Siehe, ich bin mit dir, ich behüte dich, wohin du auch gehst ..."

Dienstantritt

Es ist Samstagabend. Heute werde ich zum ersten Mal Messdiener sein. Ich bin aufgeregt. Am Tag zuvor treffe ich in der Stadt auf den „Obermessdiener", an dessen Seite ich in wenigen Stunden stehen werde. „Du kriegst das schon hin", ermutigt mich der Große. Am Abend in der Sakristei klopft mein kleines Messdienerherz zum Zerspringen. Ich ziehe den roten Talar und das weiße Rochett an. Dann stellen wir uns auf Geheiß unseres Küsters in Reih' und Glied auf. Der Pfarrer spricht „Unsere Hilfe ist im Namen des Herrn." Wir antworten: „... der Himmel und Erde erschaffen hat." Dann treten wir durch die schmale Pforte in den hell erleuchteten Altarraum. Wir knien synchron vor dem Hochaltar nieder, wie wir es in den Wochen zuvor wieder und wieder geübt haben. Dann nehmen wir unsere vorbestimmten Plätze ein. Ich halte mich an den großen Gefährten an meiner Seite.
Die Messe nimmt ihren Lauf. Wir bringen Wasser und Wein zum Altar. Vorsichtig reiche ich dem Pfarrer das Kännchen aus Glas. Hoffentlich merkt er nicht, dass meine Hand zittert. Zur Wandlung knien wir auf der mit rotem Samt überzogenen Bank vor uns nieder. Sie fühlt

sich angenehm weich an. Wir nehmen die auf dem Boden stehenden, messingfarbenen Glocken auf. Jede dieser Glocken hat vier Arme, die wie die Speichen eines Rades in der Mitte zusammenlaufen und das Gestell bilden, an dem man die Glocke zur Hand nimmt. Am Ende jedes Arms ist eine Schale befestigt, worin ein kleiner Klöppel hängt. Die Glocke ist schwer. Man muss das Gestell mit der Hand fest greifen und die Glocke exakt in der Waage halten. Sonst schlagen die Klöppel außerplanmäßig an. Das wäre peinlich.

Der Pfarrer hebt die Hostienschale in die Höhe. Mein Nachbar läutet, ich läute. Er läutet, ich läute. Er läutet, ich läute. Dann stellt der Pfarrer die Schale wieder auf den Altar zurück. Nun nimmt er den Kelch. Er hebt ihn mit ausgestreckten Armen hoch über die Köpfe der vor ihm dicht an dicht knienden Gläubigen. Erneut läutet mein Nachbar. Ich folge ihm. Wieder läuten wir dreimal, bis der Pfarrer auch den Kelch auf den Altar stellt. Behutsam setzen wir die Glocken vor uns auf dem Boden ab. Dabei richtet sich unser ganzer Ehrgeiz darauf, dass keiner der Klöppel versehentlich an die Schale stößt, in der er sich befindet.

Es ist geschafft. Ich habe alles richtig gemacht. Nicht auszudenken, wenn ich zur falschen Zeit oder zu leise oder mit unklarem Anschlag geläutet hätte. Mein Herz beruhigt sich. Meine Hände trocknen. Zurück in der Sakristei, sagt mein großer Gefährte: „Gut gemacht!" Auch der Pfarrer ist zufrieden und unser Küster auch. Glücklich und stolz hänge ich Talar und Rochett zurück in den großen, alten Wandschrank aus dunklem Holz. Ich verabschiede mich. Dann fahre ich mit meinen Eltern nach Hause. Meine erste „eigene" Messe: unvergesslich! Das muss man erlebt haben.

Noch heute, wenn ich während eines Gottesdienstes den Messdienerinnen und Messdienern am Altar zusehe, denke ich manchmal an diese Sternstunde meiner Kindheit zurück. In dem magischen Moment, in dem die Messdiener die Glocken anheben, denke ich: Ob ihr das wohl hinkriegt, ohne dass der Klöppel vor der Zeit anschlägt? Sie kriegen es hin. Und ich höre eine Stimme in mir, die sagt: „Gut gemacht!"

Ohnmächtig

Heute ist Firmsonntag. Der Erzbischof selbst spendet das Sakrament. Unsere Kirche ist zum Bersten gefüllt. Mein Bruder ist unter den Firmlingen. Er sieht aus wie ein kleiner Großer in seinem dunkelblauen Anzug und dem weißen Hemd mit der Fliege. Weil ich sein Bruder bin, darf ich in der Messe dienen. Ich bin Mitrafer, werde also die Mitra des Bischofs halten. Lieber wäre ich Baculifer. Dann wäre ich für den Bischofsstab verantwortlich. Doch diese Aufgabe wird einem älteren Messdiener anvertraut. Ich ziehe weiße, weiche Handschuhe an. Die Messe beginnt.
Sehr andächtig und sehr stolz und sehr aufgeregt verfolge ich das Geschehen. Wenn die Reihe an uns ist, durchqueren der Baculifer und ich aus dem Hintergrund kommend den Altarraum, an dessen Seitenwänden eine große Zahl von Kerzenträgern Aufstellung genommen hat. Unser Ziel ist der vorn stehende Zelebrationsaltar. Dort erwartet uns der Erzbischof, um aus unseren Händen Mitra und Stab entgegenzunehmen.
Die Firmung nimmt ihren Lauf. Die vielen Menschen, der Bischof, die Kerzen, der Weihrauch, die Aufregung und meine Aufgabe lasten schwer. Mir wird flau. Ich hätte mich setzen sollen. Das wäre niemandem aufgefallen. Doch ich bleibe stehen. Mein Rücken schmerzt.

Mir wird schwindlig. Die gottesdienstliche Regie sieht vor, dass wir zum großen Finale noch einmal mit Mitra und Stab den Altarraum durchqueren. Wir machen uns also auf den Weg ...

... unser Küster reicht mir ein Glas Wasser. Ich sitze allein auf der Bank im rückwärtigen Teil des Altarraums. Bevor der Bischof in die Sakristei geht, kommt er für einen Augenblick zu mir. Er beugt sich herab, reicht mir seine warme Hand und fragt, ob es mir wieder gut gehe. Ich nicke. Die Scham weicht dem Stolz, in all dem festlichen Betrieb einen für immer unvergesslichen Moment lang „meinen" Bischof ganz für mich allein zu haben.

Viele Jahre später bin ich im Erzbischöflichen Palais zu Gast. Der Bischof hat alle hauptamtlichen Mitarbeiter der Hochschulseelsorge seines Bistums zum Gespräch gebeten. Er ist sehr gastfreundlich. Er gibt mir seine Hand zur Begrüßung und zum Abschied. Sie fühlt sich noch immer angenehm an. Das ändert nichts daran, dass er keinen Finger rührt, als sein Generalvikar mich wenig später aus dem Dienst seines Bistums entlässt. Dennoch behält meine Hand die seine in guter Erinnerung. Das erste Mal vergisst man nicht.

Trotzdem

Ich stamme aus derselben Kirchengemeinde wie die Musikgruppe „Kontakte", die später Karriere machen sollte und zum festen Inventar unzähliger Katholikentage gehörte. Der Pfarrer unserer Gemeinde hatte Gefallen an der Gruppe und ihrer Musik gefunden und förderte sie nach Kräften. Sie gestalteten viele Gottesdienste.

Von Zeit zu Zeit durfte ich an einem Gottesdienst unter ihrer Regie mitwirken. Einmal, im Advent, haben wir ein kleines Theaterstück vorbereitet. Das ging so: Vorn auf den Stufen zum Altarraum steht ein Adventskranz. Die vier Kerzen brennen. Jemand tritt nach vorn, bläst eine Kerze aus und begründet das mit der Oberflächlichkeit des jährlichen Weihnachtsspektakels. Ein Zweiter folgt, löscht ebenfalls eine Kerze und liefert einen guten Grund dafür. So geht es weiter, bis alle vier Kerzen erloschen sind. Dann komme ich an die Reihe. Ich sitze in einer der hinteren Kirchenbänke und habe, als das Weihnachtsfest endgültig abgeblasen zu sein scheint, aufzustehen und laut in die Kirche zu rufen: „Trotzdem!" Das rufe ich also. Mein Herz schlägt zum Zerspringen. Ich gehe nach vorn. Mit einem brennenden Docht zünde ich eine Kerze nach der anderen wieder an. Und jedes Mal liefere ich einen Grund dafür: die Hoffnung der Menschen, das Recht der Armen auf Gerechtigkeit, die Freude der Kinder am Heiligen Abend und schließlich die Liebe, die nicht erlöschen dürfe in der Welt, damit es nicht vollends dunkel werde. Zuletzt brennen alle Kerzen des Adventskranzes. Und „Kontakte" spielt ein neues Lied.

Später konnte ich das adventliche „Trotzdem" gut gebrauchen. Als Dieter, der Mann meiner Schwester, und später meine Mutter und noch später Daniel, der Sohn meiner Schwester, sich das Leben nahmen zum Beispiel. Da wollte ich trotzdem weiterleben. Oder als mein Freund Hartmut und dann meine Freundin Gela vor der Zeit starben. Das hätte ich ohne jenes Trotzdem nicht überlebt, das ich geübt hatte damals in der Kirche. So aber blieb ich bis heute mit dem Leben in Kontakt. Immerhin.

Unglaublich, aber wahr

Donnerstagabend. Das Mittel- und die beiden Seitenschiffe unserer Kirche liegen im Dunkeln. Nur das Licht des Mondes dringt durch die bunten Fenster. Es ist still. Im Altarraum stellen wir Stühle zu einem Kreis. Der junge Priester legt sich eine weiße Stola um und lädt uns ein, Platz zu nehmen. Jemand spielt Gitarre. Ein anderer liest ein Stück aus der Bibel.

Die alten Worte schweben in der Luft wie Federn, durch die der Wind geht. Wir schweigen. Es vergeht eine Weile, bis jemand etwas sagt. Ein Zweiter fasst sich ein Herz und sagt etwas. Langsam, aber sicher kommt ein Gespräch in Gang. Der alte Text beginnt hin- und herzuschwingen zwischen uns wie der Ton eines Instruments, der sich von seinem Klangkörper löst, selbstständig macht und den Raum um uns her erfüllt.

Aus den Geschichten steigen die Gestalten auf, als kämen sie hinter einem Vorhang hervor. Sie betreten die Bühne unseres Lebens: Maria und Josef und Petrus und Johannes und Maria aus Magdala. Nicht zu vergessen die ganz alten, Sara und Abraham und Noah und Moses und Hannah und Judith und Amos und Jeremia …

Seither gehen sie mit mir, wohin ich auch unterwegs bin. Es gibt kein Gefühl, keinen Gedanken und keine Situation, die ohne biblischen Begleiter wäre: Der Zweifel ist gut aufgehoben bei Thomas. Die Angst muss nicht ohne die Jünger in Gethsemane auskommen. Der Protest gegen das Leid trägt für alle Zeiten den Namen Hiobs. Die Ungeduld heißt Petrus. Der Drang, endlich zur Sache zu kommen, hört auf Judas. Aber auch die anderen, die Bösen und die Mächtigen, die Zyniker und Trickser nehmen Gestalt an: Herodes, der über Leichen geht, Pilatus, der willige Vollstrecker, und das Tier in Rom, dem gar nichts heilig ist außer er selbst. Zwischen den beiden Buchdeckeln der Bibel ist alles Menschlich-Allzumenschliche versammelt – die gesamte comedí humaine, die zugleich begeistert und erschüttert, erstaunt und erschreckt, mit Abscheu erfüllt und zur Liebe rührt.

Einer ist mir nah wie keiner: Bartimäus. Da hockt er in seiner Lebensnacht und Einsamkeit. Einzig den Tod hat er noch vor Augen. Jeder, der das gesehen hat, weiß, was es heißt, mit Blindheit geschlagen zu sein. Unverhofft kommt der vorbei, von dem alle reden. Bartimäus schreit sich um Hilfe die Seele aus dem Leib. Der, von dem alle reden, bleibt stehen. Er sagt: „Öffne deine Augen!" Bartimäus tut das. Seine Augen werden groß wie die Erde. Die Leute, die nichts verstehen, wundern sich. Bartimäus wundert sich nicht. Er sieht mitten ins Herz der Welt. Das ist wahr.

Damals habe ich mich erstmals an diesen Geschichten betrunken. All diese Verrückten, die alles liegen und stehen lassen, um einem Unbekannten zu folgen. All diese armen Schlucker und Beschädigten, Kranken und Verängstigten, Verjagten und Verteufelten, die dem Mann aus Nazareth ihre dürftigen Lebensreste vor die Füße werfen in der verzweifelten Hoffnung, da müsste doch – endlich – jemand sein, der sie anhört und ansieht und anfasst und aufhebt, damit sie sich – endlich – wieder als Menschen fühlen können, nicht mehr, aber auch nicht weniger. Und es geschah also.

So bin ich zu einem Teil des Textes geworden. Ich bin wie der Faden in einem Teppich, dessen Ausmaße meine Vorstellung übersteigen. Aber ich habe meinen Platz darin. Und ohne mich wäre der Teppich unvollständig: „Die göttlichen Worte wachsen mit dem Leser."[14] Das tun sie immer noch – unglaublich, aber wahr.

---

[14] Gregor der Große, zit. nach Peters, Entleerte Geheimnisse. Die Kostbarkeit des christlichen Glaubens (Ostfildern 2017), 23.

Königsdisziplin

Den Faden habe ich nicht mehr losgelassen, sondern immer weitergesponnen, zunächst in Münster, wo ich von 1984 bis 1990 Theologie nicht nur studiert, sondern in vollen Zügen genossen habe.

Diese Leidenschaft war und ist den meisten Zeitgenossen schwer zu vermitteln. Sie stellen sich vermutlich vor, dass man sich jahrelang mit rätselhaften Glaubens- und abwegigen Moralvorstellungen herumplagen muss, die ihr Haltbarkeitsdatum längst überschritten haben, und das alles zum Wohle einer Institution, die offensichtlich in die Jahre gekommen ist, aus denen sie wohl auch nicht mehr herausfinden wird …

Arme Zeitgenossen! Ich halte dagegen: Die Theologie gehört zum Besten, was mir je passiert ist. Sie ist die ungekrönte Königin der Wissenschaften. Sie weiß es nur nicht – und der Rest der weiten Wissenschaftswelt schon gar nicht. Warum ich den Mund so voll nehme? Aus Erfahrung: Mit weniger als Allem wollte ich mich nie zufriedengeben. Einzig die Theologie aber hat mit Allem zu tun und ist zugleich mit Allem überfordert. Wem das immer noch zu unbescheiden ist, den verweise ich an Karl Barth, einen der Großen in der evangelischen Theologie des 20. Jahrhunderts: „Kein Mensch, der nicht bewusst oder unbewusst oder halbbewusst als Gegenstand seines höchsten Begehrens und Vertrauens, als Grund seiner tiefsten Bindung und Verpflichtung auch seinen Gott oder seine Götter hat und insofern auch Theologe ist."[15]

Die Theologie, jedenfalls in der Form, in der sie mir in Münster begegnet ist, ist nicht primär Systemwissen

---

[15] Barth, Einführung in die evangelische Theologie (3. Aufl., Zürich 1985), 9.

und ideologische Zurüstung. Sie ist vielmehr eine besondere Weise, auf die Welt zu sehen, in ihr zu sein und zu handeln. Das hat nicht nur, aber entscheidend mit einer Person zu tun, die die katholisch-theologische Fakultät der Westfälischen Wilhelms-Universität Münster besonders prägte: Johann Baptist Metz, Begründer der neuen Politischen Theologie.

In den Tagen der Endredaktion des Manuskripts zu dem vorliegenden Buch erreichte mich die Nachricht vom Tode des 91-Jährigen am 2. Dezember 2019. Meine Gedanken wandern zurück zu diesem unvergesslichen Priester und Lehrer. Metz war der unbestrittene „Star" in der theologischen Manege. Jeden Mittwoch hielt er Hof im großen Hörsaal der katholisch-theologischen Fakultät. Es dauerte zwei Jahre, bis ich mich erstmals überhaupt in eine seiner Vorlesungen traute, und noch einmal ein Jahr, bis ich so verwegen war, auch ein Seminar bei ihm zu besuchen. Weder im ersten noch im zweiten Fall wagte ich es, das Wort zu ergreifen, kann mich aber gut daran erinnern, dem Meister einige Male einen Brief geschrieben und in seinem Büro hinterlegt zu haben. Glücklich der Moment, in dem der Verehrte in der Woche darauf die ihm zugeschobene Post mit einer kurzen Bemerkung erwähnte. Zum Ende meines Studiums war ich gar so unvorsichtig, meine Diplomarbeit bei Metz anzumelden. Als ich schüchtern in seinem Büro herumstand, um ihm das Wunschthema meiner Arbeit zu nennen („Mystik und Politik"), sagte er, der hinter seinem Schreibtisch wie an einer Kommandobrücke saß, in knarzig bayerischem Idiom: „So gut wie ich können Sie das sowieso nicht. Aber nichts für ungut. Machen Sie mal ..." Ich zog geknickt, aber nicht geschlagen von dannen und hatte doch erreicht, was ich erreichen wollte: Näher als dieses eine Mal war ich nie an den Glutkern der (neuen Politischen) Theologie herangeraten. Die theologische Leidenschaft, die sich dabei in meinem Kopf und Herzen entzündete, glüht bis heute fort. Was kann man einem Lehrer mehr danken als eben dies: ein Feuer anzuzünden, das ein ganzes Leben lang nicht aufhört zu brennen?

Es ist hier nicht der Ort, um die zentralen Einsichten der neuen Politischen Theologie zu referieren. Die Theologie wirke, so Metz, nur zu oft wie „die zum System gewordene Berührungsangst vor dem unbegriffenen Leben"[16]. Der Überwindung dieser Angst gilt Metz' ganze Leidenschaft. Denn genau um dieses Leben geht es doch und um sonst gar nichts. Vor allem geht es um das gefährdete und beschädigte und vernichtete Leben, um die Leidenden also und um die Toten und um deren unabgegoltenen Anspruch auf Gerechtigkeit, Frieden, Glück und Lebensfülle. Und es geht um den Gott Abrahams, Jesu und Mohammeds, dem Metz nicht spekulativ nachfragte, wer er sei, sondern den er glaubend anklagte, wo er denn bleibe angesichts der unsäglichen Leidensgeschichte dieser Welt. Er fragte das bis zur Schmerzgrenze des Leidens an Gott selbst: „Seine Theologie ist der trotzige und diskrete Ausdruck einer Verlassenheit; nicht eines Verlustes, nicht einer hoffnungslosen Verlorenheit: Theologie des vermissten Gottes."[17]

---

[16] Metz, Glaube in Geschichte und Gesellschaft. Studien zu einer praktischen Fundamentaltheologie (4. Aufl., Mainz 1985), 195.
[17] Peters, Johann Baptist Metz – Theologie des vermissten Gottes (Mainz 1998), 156.

Vater meines Glaubens I

Die soeben zitierte der Pointe der Metzschen Theologie stammt aus der Feder seines Meisterschülers Tiemo R. Peters, geboren 1938 in Hamburg, gestorben am 25. November 2017 in Münster, Dominikanerpater, von 1979 bis 2004 Akademischer Rat am theologischen Lehrstuhl der Münsteraner Universität, ausgezeichnet mit dem Ehrentitel seines Ordens „Magister in Sacra Theologia", Lehrer und „Zuchtmeister" vieler Generationen von Studierenden. Das war er auch für mich – und am Ende gar ein väterlicher Freund, wie es sonst keinen gab. Ein guter Grund, dankbar zu sein, einer der besten.

Ich lernte Tiemo (die vertraute Rede sei mir für diesmal gestattet) erstmals im Rahmen seiner legendären „Grundkurse" an der Universität kennen. Sie dienten nicht so sehr der Bekanntschaft mit ersten theologischen Zauberkünsten als vielmehr der Einübung in die theologische Existenz selbst. Konditioniert durch gemeindliche Erfahrungen, aufgeladen mit allerlei Eindrücken von Kirchentagen und zumeist ahnungslos, worauf wir uns bei der Wahl unseres Studienfachs eingelassen hatten, mutete Tiemo uns die Anstrengung anspruchsvoller Reflexion zu, der wir anfangs mit der klassischen Erstsemesterfrage zu entkommen suchten: „Wozu braucht man das in der Praxis?" Tiemo ließ sich nicht hinters Licht führen, sondern gab zur Antwort: „Die Theorie ist unsere Praxis." Damit war dieser Teil des Geschäfts, das uns zusammengeführt hatte, geklärt: Es ging um Theologie, nicht um Fast Food.

Blieb noch der zweite Teil: Am Beginn und am Ende eines jeden Grundkurses stand ein theologisches Wochenendseminar. Ich hatte gehört, dass Tiemo es ablehnte, während dieser Veranstaltungen eine Eucharistie zu feiern. Das wollte ich nicht glauben. Und so schlug ich bei der Vorbereitung des Abschlusswochenendes einen solchen Gottesdienst vor, was mir die strenge Frage Tiemos einbrachte, wer dem denn vorstehen solle. Ich tat ahnungslos und gab zurück: „Du vielleicht …" Tiemo wies meinen Vorschlag kompromisslos zurück: Er sei kein Automat, in den man eine Münze werfe, um eine Messe daraus hervorzuziehen. Ich verstummte für den Rest der Veranstaltung. Als alle Studierenden den Raum, in dem wir uns befanden, verlassen hatten, kam Tiemo zu mir, um mir die Gründe für seine Absage zu erläutern. Doch ich sagte in einer mich noch heute beschämenden Dummdreistigkeit, ich hätte längst gewusst, dass er während der Seminare keine Messe feiere und lediglich seine Reaktion auf meine Frage testen wollen. „Jetzt bin ich sauer", gab Tiemo kurz und knapp zurück, drehte sich auf dem Absatz um und ließ mich allein in dem kargen Seminarraum zurück. Es hat Jahre gedauert, bis ich ihm wieder über den Weg traute. Ich hatte erfolgreich alle Weichen so gestellt, dass wir nie wieder ein persönliches Wort miteinander wechseln würden …

Etwa zwei Jahre hielt ich mich erfolgreich vor Tiemo versteckt. Dann sprach er, der die fatale Begegnung zu Beginn meines Studiums vermutlich längst vergessen hatte, mich eines Abends auf dem Flur der Fakultät an: „Was liest du gerade?" Überrascht und erleichtert über diese Ansprache, antwortete ich mit streberhaftem Stolz: „Barths Römerbrief – Zweite Auflage". „Gut!", sagte Tiemo, „gut". Das war das Ende der Eiszeit. Ich besuchte Tiemos Seminare – „Wer Gott ist", „Orthodoxie", „Was Kirche ist" – und heimste sogar eine wohlwollende Rückmeldung zu meiner Diplomarbeit ein, die er dann ja wohl gelesen haben musste.

Nach dem Ende meines Studiums 1990 gingen ein paar Jahre ins Land, ohne dass wir voneinander hörten oder lasen. 2001 sandte ich ihm meine Promotion zu, in der Hoffnung, sie würde in seinen Augen Bestand haben. Tiemo schrieb herzlich, aber realistisch: „Die Hoffnungen, die sich an ein solches Projekt knüpfen, erfüllen sich zumeist nicht." Eine Hoffnung aber erfüllte sich: Seither nämlich entwickelte sich eine Briefbeziehung zwischen Lehrer und Schüler und mehr und mehr auch zwischen Freund und Freund. Im Jahr 2006 taufte Tiemo unseren Sohn Jakob. Und er setzte ihm zum großen Glück des Vaters in seinem vorletzten Buch „Gott ist ein Zeitwort" ein kleines literarisches Denkmal.

Das kam so: Jakob war eben eingeschult worden und lernte zu lesen. Ich legte ihm die Weihnachtsgeschichte vor und bat ihn, sie laut vorzulesen, damit ich sie aufnehmen könne. Die Audiodatei schickte ich an Tiemo. Ich war bewegt, als ich später erfuhr, welche theologische Resonanz der Leseneuling ausgelöst hatte: „Die Weihnachtsgeschichte erreichte mich auf ungewohnte Weise: per E-Mail, gelesen von Jakob, dem gerade sechsjährigen Sohn eines Freundes. Er las ganz langsam, voller Mühe, mit unzähligen Pausen und Versprechern. Augustus war die erste Klippe, Quirinius kaum zu bewältigen, so wenig wie Nazarener und Bethlehem. Galiläa und Judäa – unerschwinglich. Niederkunft – nie gehört. Endlich war es geschafft, der Text im wahrsten Sinn zerlegt und ich – den Tränen nahe. Wie schwer haben wir in die Geschichte von der Menschwerdung Gottes hineingefunden. Ich stehe als Vierjähriger fassungslos vor der Krippe und frage mich: Warum bewegt sich das Christkind nicht, wie kann es das so lange aushalten, und erst Ochs und Esel? (...) Was für ein Glaube, den wir als Kinder hatten und jetzt nicht mehr. (...) Armer, kleiner Jakob, wie tapfer du da in die Weihnachtsgeschichte hineingestolpert bist und was du alles noch lernen und verlernen musst, um am Ende vielleicht genauso ernüchtert und letztlich ratlos vor dem Christentum zu stehen wie wir."[18]

Über ein Jahrzehnt haben wir diese Ernüchterung, Ratlosigkeit und Sehnsucht miteinander geteilt. 2008 erkrankte Tiemo an Krebs, der ihn schließlich zur Strecke brachte. Meine Frau Jutta und ich wurden Zeugen, als Tiemo 2014 der Ehrentitel „Magister in Sacra Theologia" des Dominikanerordens verliehen wurde. Im Vorfeld hatte er uns seine Ansprache zur Begutachtung zugesandt. Augenzwinkernd antwortete er auf unsere Kritiken: „Jutta nimmt mich auseinander. Und du flickst mich wieder zusammen." Am 2. März 2017 besuchte ich Tiemo letztmals in der Münsteraner Gasselstiege. Ich bat ihn bangen Herzens, ihn via E-Mail in ein theologisch-biografisches Gespräch verwickeln zu dürfen. Tiemo stimmte zu. Wir schrieben uns beinah täglich. Nie habe ich mich besser verstanden, begründeter zurechtgewiesen, väterlicher geleitet, freundschaftlicher getröstet und beglückender inspiriert gefühlt als während dieses acht Monate dauernden Gesprächs, das am 28. Oktober 2017 abbrach, kurz nach Tiemos 79. Geburtstag.

Am 25. November starb Tiemo in der Münsteraner Raphaelsklinik. Am 6. Dezember 2017 fand ihm zum Gedenken ein Requiem in der Überwasserkirche zu Münster statt. In dieser Kirche hatte ich eines Samstags in der zweiten Hälfte der 80er Jahre mit meinem Vater gesessen, der mich an meinem Studienort besucht hatte. Es war ganz still. Auf einmal konnte ich vor lauter Ratlosigkeit, was ich mit meinem Leben anfangen solle, den Tränen keinen Einhalt mehr gebieten und weinte einfach

---

[18] Ders., Gott ist ein Zeitwort. Weltliche Schriftlesungen (Ostfildern 2012), 16f.

drauflos, zur Seite meinen von meiner Seelennot überforderten Vater. Nun saß ich wieder da. Und wieder war ich ratlos, zur Seite nun immerhin eine Rose als Stütze. Mein Blick ging hin zu der weißen Stola, die Tiemo getragen, und zu dem Kelch, aus dem er getrunken hatte … Und es war still und in die Stille klang die uralte Sehnsucht: „Gott wird alle Tränen von ihren Augen abwischen: Der Tod wird nicht mehr sein, keine Trauer, keine Klage, keine Mühsal. Denn was früher war, ist vergangen." (Offb 21,4)

Ulrich Engel, Direktor des in Trägerschaft der Dominikaner befindlichen philosophisch-theologischen Forschungszentrums M.-Dominique Chenu in Berlin, ermöglichte die Veröffentlichung des Briefwechsels mit Tiemo unter dem Titel „Glauben ohne Geländer. Ein Gespräch am Rande des Lebens". Ich kam mit Professor Engel erstmals über eine per E-Mail versandte Nachricht zum Tode Tiemos in Berührung und sandte ihm den Briefwechsel mit der Bitte, ihn daraufhin zu prüfen, ob eine Veröffentlichung von der Sache her zu begrüßen und mit Rücksicht auf die Person des Verstorbenen angemessen sei.

Engel lud mich zum Gespräch ein. Und so nahm ich im August 2018 bei meiner in Berlin studierenden Tochter Judith Quartier und machte mich auf zum Sitz des Instituts, das, so hatte mir Professor Engel zuvor mitgeteilt, nahe der Zionskirche auf der Grenze zwischen Berlin-Mitte und Berlin-Prenzlauer Berg gelegen sei. In dieser Kirche war Dietrich Bonhoeffer 1931/32 als Vikar tätig gewesen. Also ging ich zuerst dorthin. Die Kirche machte den Eindruck einer Baustelle, was Bonhoeffer und auch Tiemo wohl gefallen hätte. Ich sah den Altarraum, die Kanzel, von der Bonhoeffer gepredigt haben mag, Hinweistafeln und eines der berühmten Bilder von Bonhoeffer mit weißem Hemd, ein Buch in der Hand, mit klarem Blick, festem Stand und bereit, anzupacken.

Ein paar Minuten nahm ich mir, dachte an Tiemo, der über Bonhoeffer promoviert hatte und für den Bonhoeffer immer die zentrale Bezugsfigur seiner eigenen Arbeit war, dachte an die zutiefst menschlichen und theologisch visionären Gefängnisbriefe Bonhoeffers, und als ich zum Abschied von dem Ort die Gedenktafel an der Außenwand der Kirche las, sprach mich eine ältere Frau an und sagte: „Wissen Sie? Ein Richter, der am Todesurteil für Bonhoeffer beteiligt war, wollte unbedingt bei dessen Vollstreckung dabei sein, konnte aber kein Auto mehr organisieren. Darum hat er sich ein Fahrrad geliehen, um zur Hinrichtungsstätte ins bayerische Konzentrationslager Flossenbürg zu fahren …"
Im benachbarten Institut angelangt, erzählte ich Professor Engel meine Geschichte. Er hörte aufmerksam zu. Und je länger, desto mehr ging mir während unseres Gesprächs im Schatten der Zionskirche das Herz auf. Ich fühlte mich, wie sich die beiden Jünger auf dem Weg nach Emmaus gefühlt haben mögen: Da gehen zwei, verbunden in der Trauer um einen weggenommenen Freund und Lehrer, und erzählen sich, was das Zeug hält. Und unversehens tritt ein Dritter hinzu … Und sie spüren: „Geht doch!" Und sie stehen auf und gehen doch.

Mexikanische Nacht

Nach dem Ende meines Studiums zog es mich nach Lateinamerika. Für ein in der Münsteraner Theologenschmiede geformtes Greenhorn wie mich war Lateinamerika ein Sehnsuchtsort, ein sagenumwobenes kirchliches Atlantis – nur, dass es noch nicht untergegangen, sondern dem Vernehmen nach gerade erst im Aufgang begriffen war.

Meine erste Station war die von einem deutschen Priester aus dem Bistum Münster geleitete Gemeinde Chilcuautla im Bundesstaat Hidalgo, zwei Autostunden nordöstlich von Mexiko-Stadt entfernt. Aus dem Fernweh, das mich von Zuhause vertrieben hatte, wurde bald schon Heimweh. Jeden Freitag fuhr der Pfarrer in die Provinzhauptstadt Ixmiquilpan, um die Post der Vorwoche in Empfang zu nehmen. Glücklich die Tage, an denen auch für mich ein Brief aus der Heimat dabei abfiel. Um Porto zu sparen, waren die Briefe auf besonders leichtem Luftpostpapier geschrieben und steckten in blauen, ebenfalls aus dünnem Papier gefertigten Umschlägen. Nach der Rückkehr in unser Dorf verkroch ich mich in mein Zimmer, nahm meine Beute hervor und las wieder und wieder.

Doch das Heimweh war nicht vergebens. So entdeckte ich Maria, die Mutter Jesu, die mir zuhause immer suspekt gewesen war, weil ich nicht verstand, warum man um sie so viel Aufhebens machte. Da war obendrein diese Geschichte mit der Jungfrauengeburt, über die selbst der an Seriosität und Loyalität nicht zu überbietende Karl Rahner SJ ironisch bemerkte: „Wir sind keine Gynäkologen, sondern Theologen." In Mexiko spielten derartige Sophistereien keine Rolle. Hier war klar: Es geht um das mütterliche Antlitz Gottes, das in einer jahrhundertelangen totalen Männerfinsternis nahezu vollständig verdunkelt und verraten worden war und das in unseren Breiten erst seit einigen Jahrzehnten eine feministisch-theologische Wiedergutmachung erfährt. In Lateinamerika war ein männlicher Gott, der hoch oben über den Wolken thront, viel zu abstrakt, als dass man sich ihm in all seinen Nöten und Sorgen hätte an die Brust werfen können. Was Maria betraf, so verhielt es sich anders. Im Jahr 1531 erschien Unsere Liebe Frau von Guadalupe dem Indio Juan Diego Cuauhtlatoatzin und beauftragte ihn mit dem Bau einer Kapelle am Rande der Hauptstadt, dort, wo sich heute eine Basilika befindet. Zu ihr strömen Jahr für Jahr am 12. Dezember Hunderttausende Pilger aus dem ganzen Land. Maria ist eine Frau aus dem Volk. Ihr Herz ist so weit wie der Schutzmantel, den sie um ihre schmalen Schultern trägt, ihr Gesicht leuchtet wie das sanfte Licht einer Kerze, ihr Blick ist klar und liebevoll. Ich spürte, wie verkopft mein eigener Glaube war und wie sehr ich verlernt hatte, mit dem Herzen zu denken. Wie finde ich zurück zu dem Brunnen, aus dem das Wasser des Lebens stammt?

Und was überhaupt bedeutet „Menschwerdung"? Als wir nach stundenlanger Fahrt durch den mexikanischen Altiplano in einem winzigen Dorf eintrafen, um dort die Christmette zu feiern, war es schon dunkel und sehr kalt. Über den nachtblauen Himmel waren die Sterne ausgestreut wie goldene Weizenkörner. Die kleine Gemeinde hatte sich in einer ärmlichen Hütte versammelt und erwartete den Priester. Dicht gedrängt standen Kinder, Erwachsene und Alte. Ihre Gesichter waren zerfurcht wie der karge Ackerboden, den sie ein Leben lang bearbeitet hatten. Ein Hund lag träge in der Ecke. Ein paar Lämmchen wärmten sich gegenseitig. In einem Winkel der Hütte stand eine Krippe, darin lag das Jesuskind. Davor standen ein paar Kerzen und Blumen. Die Männer blickten schweigend vor sich hin. Die Frauen stimmten ein Weihnachtslied an. Der Priester, der hier nur alle paar Monate herkommt, las die Weihnachtsgeschichte: „So zog auch Josef von der Stadt Nazareth in Galiläa hinauf nach Judäa in die Stadt Davids, die Bethlehem heißt (...) Es geschah, als sie dort waren, da erfüllten sich die Tage, dass Maria gebären sollte, und sie gebar ihren Sohn, den Erstgeborenen. Sie wickelte ihn in Windeln und legte ihn in eine Krippe, weil in der Herberge kein Platz für sie war. In dieser Gegend lagerten

Hirten auf freiem Feld und hielten Nachtwache bei ihrer Herde. Da trat ein Engel des Herrn zu ihnen und die Herrlichkeit des Herrn umstrahlte sie und sie fürchteten sich sehr. Der Engel sagte zu ihnen: Fürchtet euch nicht, denn siehe, ich verkündige euch eine große Freude, die dem ganzen Volk zuteilwerden soll: Heute ist euch in der Stadt Davids der Retter geboren; er ist der Christus, der Herr ...“ (Lk 2,1-11)

Ich begreife: „Heute“ ist jetzt! Jetzt ist der Retter geboren. Eine weltgeschichtliche Sekunde lang spielt das Leben nicht in Rom oder Mexiko-Stadt, sondern hier, wo sonst nie ein Lichtstrahl hinfällt und niemals etwas Bedeutendes geschieht. Mitten unter den Menschen, die für gewöhnlich in keinem Buch verzeichnet sind und die niemand sieht. Für einen winzigen Augenblick ist diese Hütte ein Palast. Und für einen Moment ist jede und jeder stolz darauf, ein Mensch zu sein, eine Verwandte, ein Verwandter des Kindes in der Krippe und also selbst ein Gotteskind.

Der Priester nimmt das Brot und den Wein und spricht den Segen. Er gibt jedem davon. Wir wünschen uns Frieden: La paz sea contigo! Dann gehen alle erhobenen Hauptes nach Hause. Und so geht es wieder für einen Tag und für ein Jahr und für ein ganzes Leben: „Ehre sei Gott in der Höhe und Friede auf Erden den Menschen seines Wohlgefallens.“ (Lk 2,14)

Kirchenfrühling

Die zweite Station meines lateinamerikanischen Jahres führte mich bis ans Ende der Welt: in die südchilenische Stadt Osorno. Osorno liegt rund 1000 Kilometer südlich der Hauptstadt Santiago. Das Klima kommt unserem eigenen ziemlich nah. Es regnet viel, ist im Sommer nicht übermäßig heiß und im Winter nicht sehr kalt. Die Wiesen und Felder sind so saftig und grün, wie ich sie aus meiner westfälischen Heimat kenne. Kein Wunder also, dass der Süden Chiles zu den bevorzugten Regionen für deutsche Auswanderer in der Mitte des 19. Jahrhunderts zählte. Noch heute wimmelt es von Nachfahren deutscher Einwanderer. Es gibt eine deutsche Schule in Osorno, eine deutsche Zeitung und viele Begriffe, die ins chilenische Spanisch eingewandert sind, zum Beispiel „kinder" für Kindergarten oder „kuchen" für Gebäck. Wohin man sich auch wendet: Die Landschaft ist großartig. Nach Osten begrenzt die Kordillere das Land, in der Gegenrichtung der pazifische Ozean. Der Vulkan Osorno gehört zu den schönsten seiner Art. Sein ebenmäßiger Kegel erhebt sich majestätisch über dem Lago Llanquihue, dem zweitgrößten See Chiles, der mit 877 Quadratkilometern fast doppelt so groß ist wie der Bodensee. Die ursprünglichen Bewohner der Region, die Mapuche, sind von unbeugsamem Stolz. Sie sind das einzige Volk, das niemals in der langen und grausamen Geschichte der Eroberung des lateinamerikanischen Kontinents unterworfen wurde. Die Mapuche kämpfen weiter für ihre Anerkennung als selbstständige Nation und die Zuerkennung ihres Landes – Ausgang offen.

Dorthin hat es mich also verschlagen. Der Grund dafür war allerdings weniger der Vulkan, die Anden oder ein See, sondern die Aussichten auf eine Kirche ganz besonderer Art. Ich wollte den viel beschriebenen und nicht nur in Münster bewunderten lateinamerikanischen Kirchenfrühling mit eigenen Augen sehen und erleben. Die Namen, die dieser Frühling trug, klangen verheißungsvoll: Befreiungstheologie, Basisgemeinden, vorrangige Option für die Armen. In *Medellín* (Kolumbien) und *Puebla* (Mexiko) hatten 1968 und 1979 die epochalen lateinamerikanischen Bischofskonferenzen stattgefunden, die der Inkarnation der Kirche in die Welt der Armen den Weg wiesen. Dazu hatte ich von sagenumwobenen Kirchenfrauen und -männern gehört und gelesen, prophetischen Gestalten von alttestamentarischem Format am Ende des 20. Jahrhunderts. Der berühmteste unter ihnen ist gewiss Oscar Romero, am 24. März 1980 ermordeter Erzbischof von San Salvador. Romero sagte von sich, die Armen seines Landes hätten ihn zum Evangelium bekehrt. Sie waren es auch, von denen es in einem Gedicht des Befreiungstheologen Pedro Casadiglia heißt: „Dein Volk hat dich heiliggesprochen." 38 Jahre später, am 14. Oktober 2018, folgte die offizielle Heiligsprechung des Märtyrers durch Papst Franziskus. Der Papst trug in der Messfeier den liturgischen Gürtel, mit dem Romero bekleidet war, als er die Messe las, während der er von Todesschwadronen der Militärjunta erschossen wurde.

Ich kam vermutlich etwas zu spät. Nicht, dass es die neue lateinamerikanische Kirche nicht gegeben hätte oder nicht immer noch gäbe, aber sie hatte ihren Zenit doch schon überschritten. Die Schuld daran traf allerdings nicht sie selbst, sondern die kirchliche Machtzentrale mit Papst Johannes Paul II. und Kardinal Joseph Ratzinger, seinem oberstem Glaubenswächter, an der Spitze. Sie hatten sich seit langem auf die Befreiungstheologie und -kirche eingeschossen und ihr das Leben so schwer wie eben möglich gemacht. Denn, so verlautbarte Rom unablässig, sie trage den Kommunismus in die Kirche und reduziere den Glauben der Christen auf eine revolutionäre Ideologie. Aus Erlösung mache sie Befreiung, aus Sünde Unterdrückung und aus Liebe Kampf. Sie untergrabe die heilige Ordnung, indem sie anstelle von geweihten Amtsträgern Frauen und Männer an die Spitze der Gemeinden stellten, die weder kirchlich geschult noch amtlich bestellt seien. Der Gipfel aber sei der Pakt von Bischöfen, Priestern, Ordensgeistlichen und Hochschullehrern mit sozialistischen Regimen, beispielsweise den Sandinisten in Nicaragua oder der Unidad Popular (UP) Salvador Allendes in Chile.

Auf diese Weise trockneten der Papst und sein Scharfrichter die noch junge Befreiungskirche unbarmherzig aus. Sinnbild dieser kontinentalen Inquisition war im Jahr 1987 die Weigerung des Papstes, den Handkuss des Trappistenpaters Ernesto Cardenal entgegenzunehmen, jener Symbolfigur einer neuen Kirche an der Seite der Armen, der in Nicaragua eine Gemeinde von Bauern und Fischern gegründet, mit ihnen Tag um Tag die biblischen Schriften gelesen und daraus sein wohl berühmtestes Werk komponiert hatte: „Die Bauern von Solentiname".

Der Winter, der die europäische Kirche schon lange im Griff hatte und immer noch hat, kehrte auf diese Weise auch in viele Kirchenregionen Lateinamerikas zurück. Heute ist die Hoch-Zeit dieses kirchlichen Aufbruchs längst Geschichte. Viele ihrer führenden Vertreter sind in die innere Emigration gegangen oder aus Amt und Orden geschieden wie der brasilianische Franziskanerpater (und ehemalige Student Karl Rahners in München) Leonardo Boff. Die anderen schweigen – und „leiden, leiden", wie mir ein Freund aus einem persönlichen Gespräch mit dem heute 90-jährigen peruanischen Dominikaner Gustavo Gutiérrez berichtete, dem Begründer und Namensgeber der lateinamerikanischen Befreiungstheologie.

Es mag als Zeichen zaghaften Neubeginns, zumindest aber als ein Zeichen der längst überfälligen Rehabilitation der lateinamerikanischen Befreiungskirche und -theologie gelten, dass Papst Franziskus im Februar 2019 den mittlerweile 94-jährigen Ernesto Cardenal von den über ihn verhängten kirchlichen Sanktionen freisprach und ihm die Ausübung seines priesterlichen Amtes wieder gestattete. Doch die von seinen beiden Vorgängern mutwillig zertretenen kirchlichen Pflanzen macht auch das nicht wieder lebendig.

Chile I

In Chile allerdings blühte Ende der 80er Jahre die Demokratie gerade erst wieder auf, nachdem sie zuvor brutal niedergetreten worden war. Siebzehn Jahre hatten der Diktator Augusto Pinochet mit seinen Militärs das Land im Joch. 1973 hatte er die Regierung Allendes weggeputscht, Tausende ermordet, Tausende ins Exil getrieben, viele davon nach Deutschland. Im Jahr 1988 wollte er sich vom Volk ein Votum zur Fortführung seines Regimes holen. „Sí" oder „No" – das war die Frage. Eine knappe Mehrheit (55%) entschied sich für „No". Das war das Ende der Diktatur. Am 14. Dezember 1989 wurde der Christdemokrat Patricio Aylwin zum Präsidenten gewählt, am 11. März 1990 trat er sein Amt an. Seine Regierung wurde von einem breiten Bündnis demokratischer Kräfte – Concertación de Partidos por la Democracia – getragen. Ihr Symbol war der Regenbogen. Die größte Herausforderung bestand darin, die Spaltung des Landes in Gegner und Anhänger Pinochets zu überwinden. Aylwin bildete die Kommission „Verdad y Reconciliación" – Wahrheit und Versöhnung. Sie legte 1991 einen Bericht (den sog. Rettig-Bericht, benannt nach dem chilenischen Politiker Raúl Rettig) vor. Darin wurden nahezu 2300 Menschenrechtsverletzungen dokumentiert, womit nur die schwersten Verbrechen des Regimes erfasst waren.

Mein Aufenthalt in Chile – Dezember 1990 bis Februar 1991 – fiel also in eine Zeit, die spannender nicht hätte sein können. Ganz aus der Nähe konnte ich verfolgen, wie ein Land unter Schmerzen seine Vergangenheit durcharbeitete. Erinnerungen an den von vielen als Messias verehrten Salvador Allende standen gegen die Verklärung Pinochets als Retter Chiles vor dem Kommunismus. Studenten der Universidad de Los Lagos in Osorno, mit denen ich in der Pastoral zusammenarbeiten durfte, schwärmten von Straßenbarrikaden und sangen die Lieder der verehrten Violetta Parra („Gracias a la Vida") und Viktor Jaras („El cigarrito"), eines der großen Repräsentanten der „Nueva Canción" (Neues Lied) in Südamerika, dem die Schergen Pinochets im Estadio Chile in Santiago die Hände brachen, bevor sie ihn am 16. September 1973 erschossen. Seit 2003 trägt das Stadion, in dem er und Hunderte mit ihm gefoltert und ermordet wurden, den Namen „Estadio Victor Jara".

Die Rolle der katholischen Kirche während der Diktatur kann ich an dieser Stelle auch nicht ansatzweise darstellen. Doch von einer Instanz war immer und überall die Rede: dem im Herzen Santiagos direkt neben der Kathedrale der Stadt gelegenen Vikariat der Solidarität, gegründet von Kardinal Raúl Silva Henríquez. Es rettete von 1976 bis 1992 Tausende vor Folter und Tod und wurde weltweit geachtet als unbeugsame Instanz von Solidarität und Menschlichkeit.

Vater meines Glaubens II

In Osorno eingetroffen, sah ich Pfarrer Peter Kliegel wieder, dem ich im Sommer zuvor in meiner Heimatstadt Lippstadt begegnet war. Ich hatte damals eine

Flaschenpost an die in der Initiative „Donum fidei" (Geschenk des Glaubens) zusammengeschlossenen lateinamerikanischen Priester deutscher Herkunft gerichtet, die schließlich bei Peter (auch in diesem Fall sei mir das vertrauliche Du gestattet) strandete. Er erklärte sich bereit, mich ein Jahr lang als Freiwilligen in seiner Pfarrei Sagrado Corazón zu beherbergen. Ich hatte mich ihm vorgestellt als Theologe, der vorhabe, katholischer Priester zu werden, doch zuvor noch eine Orientierungsschleife durch die pastorale Arbeit eines fremden Landes drehen wolle, um sich in seinem Entschluss zu vergewissern. Dieser Plan ging gründlich schief. Davon später.

Peter Kliegel gehört zu den Großen, die mir während meiner kleinen persönlichen Kirchengeschichte begegnet sind. In ihm ist für mich alles verkörpert, was Christentum und Kirche ausmacht: Glaube und Liebe und eine unverwüstliche Hoffnung.

1939 geboren und am Ende des Zweiten Weltkriegs mit seiner Familie aus Schlesien über Bayern nach Dillenburg geflohen, wollte Peter ursprünglich Benediktiner werden. Er stammt aus einer Musikerfamilie – eine seiner Schwestern ist die weltbekannte Cellistin Maria Kliegel – besitzt eine phantastische Stimme, ein großes pianistisches Talent und liebt den Gregorianischen Gesang. Doch während seines Noviziats erfasste ihn eine unstillbare Unruhe. Die stabilitas loci, also die dauerhafte Bindung des Benediktiners an ein bestimmtes Kloster, entsprach nicht seiner Berufung. Als er am Rande des Zweiten Vatikanischen Konzils in Rom auf den Bischof des gerade gegründeten südchilenischen Bistums Osorno, den Franziskanerpater Francisco Valdés, traf, war es um ihn geschehen. Der Bischof, bis heute wie ein Heiliger verehrt, lud ihn ein, als Priester in sein Bistum zu kommen. Peter folgte diesem Ruf und lebt und wirkt seither in der Bistumsstadt Osorno und weit darüber hinaus im ganzen Land.

Im Jahr 1995 wurde ihm als bisher einzigem deutschen Staatsbürger die chilenische Ehrenstaatsbürgerschaft verliehen. Dem ging ein kleiner diplomatischer Drahtseilakt voraus: Die Bedingung zur Verleihung dieser Würde ist nach chilenischem Reglement der Verzicht auf die eigene Staatsangehörigkeit. Die jedoch stand für Peter nicht zur Debatte, und so mussten die Diplomaten diesseits und jenseits des Atlantiks eine Brücke bauen, was auch gelang: Peter ist seither wie eh und je deutscher Staatsbürger und Chilene dazu. Zudem hat ihm die Stadt Osorno die Ehrenbürgerschaft verliehen. Auch das war bis dato keinem Ausländer vergönnt.

Warum diese außergewöhnliche Anerkennung von nicht-kirchlicher Seite für einen Mann, der als Pfarrer nach Chile gekommen ist wie viele vor und nach ihm und der dort die Messe gelesen, die Beichte gehört, Kinder zur Erstkommunion begleitet, Trauungen gefeiert und Kapellen gebaut hat, wie es sich für einen Priester gehört?

Das Wirken des Padre – wie ihn in Chile alle nennen – fing da erst eigentlich an, wo andere mit ihrem Latein schon am Ende sind. Auf dem Land rund um die Provinzstadt leben die Familien mit ihren Kindern. Sie bewirtschaften ein kleines Stück Land. Das reicht mehr schlecht als recht zum Leben. Schon ihre Eltern haben das getan. Und ihre Kinder werden es auch tun. Denn eine Schule, gar eine weiterführende, gibt es weit und breit nicht. Und weil so wie bei uns Bildung auch in Lateinamerika ein Schlüssel zur Zukunft ist, bleibt die Zukunft für die Kinder der Campesinos verschlossen. Es sei denn, jemand sorgt für den Schlüssel.

Das tat der Padre. Er baute mit den Mitarbeitern seiner Gemeinde, den Eltern der Bauern und mit Hilfe aus seiner Heimatgemeinde ein Jugenddorf, die „Aldea Juvenil San Alberto Magno". Am Rande der Stadt entstanden etwa 20 kleine Häuser aus Holz. In jedem haben 10 Jugendliche Platz. Es gibt eine Küche, einen Gemeinschaftsraum und für alle zusammen eine große Kantine, einen Festsaal und in der Mitte des Dorfes eine Kirche, die kreisrund ist wie ein Tipi, ein indianisches Zelt. Dort also wohnen die Jugendlichen unter der Woche und gehen in die Schulen der Stadt, manche sogar in die nahegelegene Universität. In ihrer Freizeit werden sie von einem Team hauptamtlicher Pädagoginnen und Pädagogen betreut, machen Musik, Theater, erlernen traditionelle Handwerke und werden auf die Erstkommunion und Firmung vorbereitet. Die Wochenenden und Ferien verbringen sie bei ihren Familien auf dem Land. Die Eltern tragen zum Unterhalt ihrer Kinder bei, indem sie einen Sack Kartoffeln oder ein Ferkel herbeibringen, manchmal auch zwei, je nachdem, was ihr kleiner Campo abwirft. Den Rest zahlen Freunde und Förderer und kirchliche Hilfswerke in Deutschland, die auch ein winziges Gehalt für den Pfarrer finanzieren, etwa 250 Euro – mehr waren es nie in den letzten 50 Jahren. Tausenden von Jugendlichen ist auf diese Weise das Tor in eine gute Zukunft geöffnet worden. Viele sind der Aldea noch immer verbunden, einige sind nun selbst dort als Lehrerinnen und Lehrer oder Erzieherinnen und Erzieher beschäftigt.

Irgendwann fiel Peters Blick auf eine andere Gruppe von jungen Leuten, deren Leben schon zu Ende scheint, noch bevor es richtig begonnen hat. Als Gefängnisseelsorger begegnete der Padre straffällig gewordenen jungen Menschen, Dieben, Drogenhändlern, Gewalttätern. Sie alle landen im Knast. Resozialisierung? Ein Fremdwort. Das sollte anders werden! Erneut machte er sich ans Werk, das diesmal weit komplizierter war.

Wieder sollte ein Dorf entstehen, diesmal benannt nach dem im Volksmund so genannten Fray Escoba („Bruder Besen"), dem aus Peru stammenden Dominikanerpater Martin de Porres (1579 – 1639), der sich als „streetworker" um obdachlose Kinder und Jugendliche gekümmert hat und in ganz Südamerika sehr verehrt wird. Die chilenische Regierung musste gewonnen und die Vorbehalte der Bevölkerung mussten überwunden werden. Ich durfte mit Mitarbeitenden den Zaun setzen, der das Areal umgab, auf dem die in ganz Lateinamerika einzigartige Einrichtung entstand.

Mit den Jahren wuchsen die Einrichtungen und kamen neue hinzu, der Mitarbeiterstab wurde größer, die Verantwortung und das Budget auch. Eine Stiftung wurde gegründet: „Cristo Joven" (Junger Christus). Zu ihr gehören Jugenddörfer, Studentenwohnheime, eine Musikschule und ein Exerzitienhaus. An Geld fehlte es immer, an neuen Ideen nie. Irgendwann kam Peter auf die Idee, ein großes Gelände zu kaufen, um dort einen Friedhof zu betreiben und einen Teil des Erlöses in die Stiftung zu lenken. Zuvor schon hatten er und sein Pastoralteam eine Autowerkstatt gegründet, ebenfalls als Geldquelle und zugleich als Ausbildungsstelle für die Jugendlichen der Aldea Juvenil.

Aber was ist mit all den Menschen in den armseligen Vororten rund um Osorno, in denen es kein sauberes Wasser, keine Kanalisation, kurz, in denen es gar nichts gibt, die Kinder im Dreck spielen und, wenn sie Glück haben, einmal am Tag in einer Armenküche eine warme Mahlzeit bekommen? Viele Jugendliche schnüffeln Klebstoff und ruinieren damit ihr Hirn. Männer werden apathisch vom Alkohol. Frauen versuchen mit primitivsten Mitteln, ihre Familien von einem Tag zum anderen zu bringen. Wer spricht von Leben? Überstehn ist alles, ließe sich mit Rilke sagen, der dabei aber sicherlich anderes im Sinn hatte als das, was sich hier, in den Slums von Osorno wie in beinah jeder lateinamerikanischen Stadt Tag für Tag und Jahr für Jahr abspielt.

Der Padre gründete eine Genossenschaft. Sein Plan: die Menschen zusammenbringen und gemeinsam eine Stadt bauen. Dazu benötigte er ein Grundstück, ein paar Hektar groß. Ein kirchliches Hilfswerk aus Deutschland interessierte sich für das Projekt. Man wollte bei der Umsetzung behilflich sein und erbat einen Finanzierungsplan. Peter schmunzelte. Ich stelle mir vor, dass er lachte wie Sara, als der Engel zu ihrem Mann sagte: Sara wird ein Kind bekommen. In ihrem Alter? Lächerlich! Zehn Jahre bauten die Genossen. Zwei Jahre lang zogen sie nur Gräben. Und immer noch war kein Haus zu sehen. Keiner baute sein Haus, sondern alle bauten mit an allen Häusern. Erst danach bekam jede Familie ihr Haus. So wurde sichergestellt, dass jeder für jedes Haus sein Bestes gab. Heute zählt die Siedlung zu den schönsten der ganzen Stadt. Vierhundert Häuser, ein Gymnasium, eine Kirche, eine Krankenstation, ein Gemeindezentrum – alles, was eine lebenswerte Stadt ausmacht, findet sich dort. Mittlerweile leben in den farbenfrohen Häusern die Kinder und Enkelkinder der Gründergeneration.

Am 6. Oktober 2017, im 50. Jahr seiner Priesterweihe, empfing Pfarrer Kliegel das Verdienstkreuz der Bundesrepublik Deutschland aus den Händen des hessischen Innenministers. Für die Initiatoren der Auszeichnung durfte ich die Laudatio auf diesen Vater meines Glaubens halten:

Lieber Peter! In dem Film von Götz Göbel „Der Häuslebauer am Ende der Welt"[19] erzählst du die Geschichte der Maximilian-Kolbe-Siedlung am Rande Osornos: von den ersten Anfängen 1979 bis hin zu ihrer Einweihung im Jahr 1988. Man ist beeindruckt von der Leistung, der Geduld und schließlich dem imposanten Resultat dieses Projekts, zu dem sich eine Vielzahl weiterer und keineswegs geringerer gesellt, von denen der Film ebenfalls erzählt. Und doch ist die eigentliche Botschaft dieses Films nicht die Aufzählung all der großen und großartigen Werke, die sich zu einer in Chile und in ganz Lateinamerika ihresgleichen suchenden Stiftung verbinden. Die eigentliche Botschaft liegt in der zu Grunde liegenden Haltung, aus der heraus all das geschieht und ohne die es nie hätte ins Werk gesetzt werden können.

Es sind wenige Sätze, die du sagst. Sie kommen daher wie kleine Kinder – und sind doch Riesen. Der erste dieser Sätze lautet: „Ich glaube an den Menschen." Dieser Satz klingt harmlos, ist es aber nicht. Es gibt viele Gründe, genau das nicht zu tun, sondern vielmehr am Menschen zu zweifeln, ja, zu verzweifeln: seine empörende Kurzsichtigkeit, seine erschreckende Hinfälligkeit, vor allem aber seine latente und jederzeit abrufbare Grausamkeit. Was haben Menschen einander nicht alles angetan quer durch die abgründige Leidensgeschichte dieser Welt und tun es noch! Du weißt das alles und hast es – als Angehöriger der Generation Zweiter Weltkrieg – z.T. gemeinsam mit deiner Familie am eigenen Leib erfahren. Und dennoch bleibst du dabei: „Ich glaube an den Menschen." Denn wer sonst könnte die von

---

[19] Der Häuslebauer am Ende der Welt. Ein deutscher Pfarrer im chilenischen Süden – ein Film von Götz Göbel (ausgestrahlt am 29.11.2007 auf Phoenix und am 7.11.2007 im SWR).

Menschenhand aus dem Gleichgewicht gebrachte Welt wieder ins Lot bringen – wenn nicht wir Menschen selbst? Das aber geht nur, wenn wir den Glauben an den Menschen nicht verlieren.

Der zweite Satz lautet: „Ich glaube an die Gemeinschaft." Auch dieser Satz ist ein Riesensatz: Gutes Leben für alle Menschen in einer lebenswerten Welt ist ohne den Vorrang der Gemeinschaft vor den Partikularinteressen des Einzelnen nicht denkbar. Dass die sozial Abgehängten erst der Demokratie verloren gehen, bevor diese dann uns verloren geht, haben wir am Tag der Bundestagwahl (2017) erleben müssen. Es ist zu fürchten, dass das erst der Anfang war. Umso maßgeblicher ist dein Bekenntnis zum Primat der Gemeinschaft, die eben mehr und anderes ist als die Summe aller Einzelinteressen. Man stelle sich das nur einmal vor: So wie es in der Kolbe-Siedlung war – Jeder baut an allen Häusern mit, und erst zum Schluss entscheidet sich, wer welches Haus bekommt! – so wäre es auch mit der Wirtschaftsleistung in unserem Land: Jeder tut, was er kann – und erst dann wird nach Bedarf verteilt, was jeder zum Leben braucht. Unvorstellbar! Revolutionär! Lächerlich? Ihr jedenfalls habt es genauso gemacht und damit eine Solidargemeinschaft begründet, die bis heute Bestand hat. Wir wären gut beraten, Maß daran zu nehmen bei der Rekonstruktion unserer eigenen, zunehmend auseinanderdriftenden Gesellschaft, wenn sie uns nicht irgendwann um die Ohren fliegen soll.

Ich komme zum dritten Riesen-Satz: Im Film erzählst du über die Anfänge der Kolbesiedlung: „Alle sagten damals: Das klappt nie. Auch Geistliche sagten mir: Du bist verrückt. Du fängst eine Siedlung an, ohne Geld zu haben. Auch Misereor hat gezweifelt. Nach drei

Jahren, die wir geplant haben, kamen sie, um zu sehen, was geschehen ist. Und es geschah noch nichts. Man wollte von mir eine Bauplanung mit Geld haben. Und das hatten wir natürlich nicht. Und dann schrie mich der Mann von Misereor an: ‚Ich kann doch meinen Gremien nicht sagen: Ihr Erbauer ist der Heilige Geist!' Und dann habe ich ihm gesagt: Genau das sollen Sie ihnen sagen: Unser Erbauer ist der Heilige Geist!" Die Geschichte schließt mit dem Hinweis: „Als wir 1988 eingeweiht haben, bin ich zu ihm gegangen und habe zu ihm gesagt: Hier ist die Gabe des Heiligen Geistes. "

Dieses Stück ist in meinen Augen ein kleines Evangelium – oder jedenfalls dessen konsequente Fortschreibung. Warum? Im Film heißt es: „Eigentlich ist die Maximilian-Kolbe-Siedlung ein Wunder." Was soll das sein, ein Wunder? Ein Wunder ist – nüchtern gesprochen – eine kontrafaktische Wirklichkeitserfahrung. Nichts spricht dafür, alles dagegen. Wunder sind nicht vorgesehen in unseren Behörden und Dikasterien. Mit Wundern lässt sich kein Staat machen. Selbst Misereor scheint dem Wunder nicht zu trauen. Und dann kommst du und lieferst statt des geforderten Businessplans den Aktenvermerk auf ein Wunder. Nicht verwunderlich darum, dass der Mann von Misereor sich die Haare rauft! Du aber lässt dich nicht beirren: „Mit dem Heiligen Geist wird es gehen."

Was macht der „Heilige Geist" mit uns, habe ich mich gefragt, und dies gefunden: Er überwindet die Schwerkraft der Realität, unter deren Eindruck wir Gefahr laufen, allzu bodenständig zu werden. Leute, die auf den Heiligen Geist setzen, bringen Erstaunliches zu Wege: Sie laufen übers Wasser, machen, dass Blinde sehen und Taube hören, sie wecken gar Tote auf – höchst unwahrscheinliche Vorkommnisse allesamt,

die aber keineswegs den Märchen, Mythen und bib-
lischen Geschichten vorbehalten sind, sondern auch
heute immer wieder geschehen. Erst vor drei Tagen
haben wir uns an eine solche Unwahrscheinlichkeit
erinnert, die Überwindung der Teilung Berlins und
die Wiedervereinigung Deutschlands – allen sach-
und fachkundigen Wahrscheinlichkeitsrechnern zum
Trotz. Man muss offenbar ein bisschen „fromm" sein,
um das Unmögliche für möglich halten zu können:
„Mit meinem Gott überspringe ich Mauern." (Ps 18)
Du bist so ein „Frommer". Du lässt dich von der
Schwerkraft der Realität nicht zu Boden drücken,
sondern hältst – mit einem Wort Hilde Domins – dem
Wunder, leise, wie einem Vogel die Hand hin. Und
siehe da: Die Hand bleibt nicht leer.

Liebe und tu, was du willst

Während unter den Händen des Padre Wunder um
Wunder geschah, wurde der Nebel um mich selbst immer dichter und dichter. Ich kam mir abhanden, wie
man sich nur irgend abhandenkommen kann. Schon in
den Monaten vor meinem Aufbruch nach Lateinamerika konnte ich mich nicht darüber hinwegtäuschen,
dass sich in mir eine tiefe Traurigkeit eingenistet hatte.
Ich fühlte mich wie in Ketten gelegt und dachte, sie ab-
schütteln zu können, wenn ich nur erst in Frankfurt das
Flugzeug besteigen und ein paar Stunden später den
Boden Amerikas betreten würde. Doch jeder weiß: Wohin man auch reist, man nimmt sich mit. So erging es
auch mir: Ich nahm meine Traurigkeit und meine Ratlosigkeit und – das war das Schlimmste – meine Einsamkeit mit. Die hatte sich lange in mir vorbereitet und Jahr

um Jahr mehr meinen gesamten Organismus durchsäuert, bis ich ganz – oder beinah ganz – verdorben war.
Angefangen hatte diese Vergiftung mit einer harmlosen Ansprache des Jugendpastors, von dem ich zu Beginn erzählte: „Du könntest Priester werden!" Das sagte er nicht nur zu mir, sondern auch zu anderen, die sich in der Jugendarbeit bewährt und einen Sinn für Religiöses zu erkennen gegeben hatten; mit dem Unterschied, dass die Idee des Pastors in meine Seele fiel wie ein Samenkorn und darin aufging und Wurzeln schlug und niemals mehr ganz daraus verschwand. Ich drehte die Frage des Priesters zu mir hin. Ich beschäftigte mich unablässig mit ihr. Ich erforschte mich und erforschte mich wieder. Ich sprach mit dem Priester, der über die Jahre erst unser Vikar, dann mein Beichtvater, später mein Seelenführer und Vertrauter wurde, und dem ich immer und immer wieder meine Zweifel und mein Ungenügen an mir selbst anvertraute. Er hörte mich an, er sagte, ich müsste aus mir keinen anderen Menschen machen, um Priester zu werden, ja, ich müsste überhaupt nicht Priester werden, wenn ich das Gefühl hätte, einen anderen Weg gehen zu sollen. Doch da war die Saat längst gekeimt und nicht mehr aus mir herauszuziehen.
Ich war dreizehn oder vierzehn, als ich auf diese Weise mit mir zu tun bekam, die Zeit, in der man für gewöhnlich auch mit anderen Dingen zu tun bekommt, der Liebe zum Beispiel. Das war etwas kompliziert. Denn ich konnte nach Lage der Dinge ja nicht beides haben – den Beruf des katholischen Priesters *und* die Liebe. So fing ich an, hin und her zu torkeln zwischen diesen beiden Antipoden meines Herzens. Mit 17 sprach mich ein Mädchen an. Sie nahm meine Hand. Das war ein schönes Gefühl, das ich bisher nicht kannte. Aber so schön es auch war, versetzte es mich doch zugleich in Panik. Hatte ich mich nicht entschieden, Priester zu werden

und nach dem Abitur Theologie zu studieren und dafür in ein Internat für Priesteramtskandidaten zu ziehen? Also entzog ich mich dem Mädchen. Mein Entschluss stand fest: Ich wollte Priester werden. Das war mein Weg. Unumstößlich. Ich musste dem Mädchen eine Absage erteilen. Doch bevor ich noch zu reden anfangen konnte, schlug sie einen gemeinsamen Spaziergang vor. Unterwegs nahm sie erneut meine Hand. Ich traute mich nicht, sie ihr zu entziehen. Außerdem tat das ja auch irgendwie gut. Wir setzten uns auf eine Bank. Ich schwieg. Sie fragte mich, was los sei. Ich suchte nach Worten. Dann legte ich die Karten auf den Tisch: Sie sei so lieb zu mir, aber ich könne keine Freundin haben, da ich Priester werden wolle. Dieser Entschluss stehe fest. Und es sei besser, ihr das sofort zu sagen als in ein paar Monaten, wenn ich wegziehen und meiner Berufung folgen würde.

Damit war meine erste Liebe zu Ende, bevor sie begonnen hatte. Das dachte ich jedenfalls. Sie aber sagte: „Versuch's doch einfach! Du hast doch noch Zeit." Offenbar war sie strategisch besser aufgestellt als ich. Jedenfalls brach mein Widerstand in sich zusammen. Wir wurden ein Paar. Zweimal während unserer gemeinsamen eineinhalb Jahre brach ich die Beziehung ab, immer aus dem Grund, weil der Gegenpol – die Berufung zum Priestertum – wieder einmal übermächtig geworden war. Noch heute schäme ich mich manchmal dafür. Denn meine Freundin wurde zum Spielball meiner Berufungslaunen, ohne sie wirklich verstehen oder gar auflösen zu können. Ich hätte das vielleicht tun können, aber dazu war ich schon zu sehr infiziert von der Vorstellung, die mehr und mehr zur Zwangsvorstellung geriet, die Welt der Beziehungen, der Liebe, der Zärtlichkeit und Lust ein für alle Mal hinter mir lassen zu müssen, um Priester zu werden.

Für einige Zeit, in der ich eine zweite Beziehung genießen konnte, schwieg die konkurrierende Stimme in mir. Doch dann meldete sie sich mit Macht zurück und ließ mich nicht mehr los. Fünf Jahre gingen so ins Land, in denen ich eisern Kurs hielt auf das Priestertum. Es ging mir nicht gut damit. Ich wurde unsicher und zunehmend gehemmt in der Begegnung mit anderen Menschen, isolierte mich mehr und mehr und stand am Ende nahezu alleine da. Ganze Wochenenden vergingen, ohne dass ich mit jemandem sprach. Ich machte einen Sport daraus. Wie lange war das wohl auszuhalten so ganz allein? Ich studierte, las und lief stundenlang am Kanal in Münster auf und ab. Doch da war niemand, mit dem ich ein Wort wechseln konnte und schließlich auch nicht mehr wollte. Traf ich auf eine Studentin, so konnte es passieren, dass ich Reißaus nahm. Denn ich fürchtete meine eigene Verlegenheit. Das blieb mir nicht verborgen, aber ich kam auch nicht dagegen an. Es passierten lächerliche Dinge: Eines Tages musste ich am Schalter der Sparkasse einen Beleg abgeben. Die junge Frau auf der anderen Seite der Kundentheke nahm meinen Zettel entgegen. Dabei sagte sie, als wäre es die selbstverständlichste Sache der Welt (was es ja auch, bei Lichte besehen, ist): „Ich freue mich immer, wenn Sie herkommen." Ich stotterte irgendetwas. Dann verließ ich das Gebäude und habe es niemals wieder betreten. Ein anderes Mal besuchte ich entgegen meiner Gewohnheit eine Kneipe, in der auch getanzt wurde. Ich setzte mich in die hinterste Ecke des Lokals und schaute den Tanzenden zu. Mein Blick fiel auf eine junge Frau, die überaus anmutig tanzte. Ich konnte nicht ablassen, sie zu beobachten. Am Ende der kommenden Woche ging ich wieder dorthin und sah ihr zu. Das ging so einige Male, bis sie mich schließlich bemerkte. Sie nickte mir zu. Sie sagte: „Hallo!" Ich erschrak, fühlte mich ertappt und verließ mit einem kurzen Kopfnicken die Gaststätte. Noch während ich das – dreißig Jahre später – aufschreibe, erschrecke ich vor mir selbst.

Ich entfernte mich weiter und weiter von mir. Die Einsamkeit stieg wie eine dunkle Flut in mir hoch und begrub erst meine Lust, dann mein Herz und schließlich meinen Verstand unter sich. Ich belog mich, indem ich mir einredete, die desolate, etwas freudlose Kirchenstimmung um mich her wäre es, die mich auf meinem Weg verunsichere. Wenn ich erst in Lateinamerika wäre, wo die Kirche ja bekanntlich strotze vor Leben, würde auch ich wieder froh werden und das Leben in vollen Zügen genießen können. Einmal nur fiel ein Strahl in mich hinein, als eine meiner übriggebliebenen Freundinnen mir auf meine bange Frage, ob sie sich vorstellen könne, dass ich Priester würde, zur Antwort gab: „Ich kann mir nicht vorstellen, dass du dabei glücklich wirst."

Der Satz traf mich ins Mark: Glücklich? Glück war niemals in all den Jahren ein Entscheidungskriterium für mich gewesen. Es ging doch um Berufung. Es ging darum, in schlaflosen Nächten den Willen Gottes auszukundschaften. Es ging darum, körperliches Verlangen und diese verfluchte Sehnsucht nach Nähe und Zärtlichkeit in mir niederzuringen. Es ging darum, mich hinzubiegen, um in die Form zu passen, in die Gott mich hineinstecken wollte! Nur um eines ging es doch sicherlich nicht: um mein Glück. Das Ergebnis war entsprechend: Ich war unglücklich, wie man nur irgend unglücklich sein kann. Das Frappierende daran war: Kaum jemand hat es bemerkt. Meine Eltern hatten andere Sorgen. Freunde hatte ich keine mehr. Mein Seelenführer hielt sich bedeckt. Und ich selbst war längst schon blind wie Bartimäus.

Kurz bevor ich nach Lateinamerika aufbrach, legte Eugen Drewermann die Kirche auf die Couch. „Kleriker. Psychogramm eines Ideals", ein beinah 1000-Seiten-

Wälzer und obendrein die optimale Vorbereitung auf eine anstehende Lateinamerikareise. Ich begann zu lesen und hörte nicht wieder auf. Seite um Seite las ich mich selber. Ich erkannte das Bedürfnis nach Halt und Anerkennung auf dem Grund meiner Seele. Ich verstand das betörende Größenselbst, das mir das priesterliche Ideal verlieh. Es schmeichelte mir, Teil einer ‚Heiligen Ordnung' zu werden. Aber ich las auch über den Preis, den ich zu zahlen hatte und seit Jahren bereits zahlte: das Austrocknen aller Lebenstriebe, grauenhaftes Alleinsein und der totale Verlust an Lebensfreude. Ich erkannte mich in dem Buch wie in einem Spiegel. Ich war so ein Kleriker, noch bevor ich in die Nähe einer Weihe geriet. Das düstere Bildnis, das Drewermann gezeichnet hatte, zeigte mich selbst. Spätestens jetzt wusste ich Bescheid über mich.

Und dennoch: Wie ein Alkoholiker, der den Alkohol nicht lassen kann, obwohl er um seine zerstörerische Wirkung weiß, ließ ich nicht ab von der Vorstellung, aus mir einen Priester zu machen. Als ich nach Chile kam, schenkte Pfarrer Kliegel mir nichtsahnend einen dreibändigen Schott, in dem alle Texte der Werk- und Sonntagsliturgien versammelt sind. Ich lernte das Vaterunser und das Ave Maria in spanischer Sprache auswendig, um mich auf meine anstehenden liturgischen Einsätze vorzubereiten. Ich las im Gottesdienst die Lesung vor. Doch ich fühlte mich nicht wohl dabei. Ich kam mir vor wie ein Schauspieler.

Samstags hatte ich eine Jugendgruppe zu leiten. Die Jungen und Mädchen waren voller Vitalität und wohl auch ein bisschen neugierig auf den „Gringo" aus Deutschland. Sie alberten herum, testeten meine Spaßgrenzen und freuten sich im Übrigen ihres Lebens. Ich konnte damit überhaupt gar nichts anfangen. Sie provozierten mich, sie gehorchten mir nicht. Bei unseren

Versammlungen kam nicht heraus, was ich mir vorgenommen hatte. Ich enttäuschte sie. Sie wollten toben, doch ich verlangte, dass sie sich ordentlich im Kreis aufstellten. Sie wollten Fußball spielen, aber ich zwang ihnen irgendeine Katechese auf. Sie begannen, über mich zu tuscheln und sich lustig zu machen. Ich wurde laut. Das fanden sie witzig. Immer weniger von ihnen nahmen überhaupt noch teil an unseren Gruppenstunden. Die, die blieben, machten mir Angst – Angst vor mir selbst. Denn ich spürte, dass nicht sie mein Problem waren, sondern ich selber. Ich konnte mit ihrer Lebendigkeit nichts anfangen. Es fiel mir schwer, sie in meine Nähe zu lassen. War ein hübsches Mädchen darunter, geriet ich in Verlegenheit und ignorierte sie entweder oder war besonders streng mit ihr. Schließlich vertraute ich mich dem Padre an: „Ich kann da nicht mehr hingehen. Es geht einfach nicht." Er möge das bitte entschuldigen.

Also ging ich nicht mehr hin. Ich ging nirgendwo mehr hin. Und wenn doch, dann höchstens, um mutterseelenallein durch die weiten Felder außerhalb von Osorno zu streunen. So konnte wenigstens niemand sehen, wie ich da am Ende der Welt mit Tränen in den Augen und leerem Herzen vor mich hin stolperte. Schließlich blieb ich in meinem kleinen Häuschen in der Aldea Juvenil hocken. Eines Morgens lag ich im Bett und fand nicht mehr genug Kraft, um aufzustehen. Ich dachte: Ob ich aufstehe oder liegenbleibe, ist vollkommen gleichgültig. Also blieb ich liegen. Die übrigen Mitarbeiter der Jugendpastoral wunderten sich und fragten, was los sei. Ich antwortete, dass ich mich krank fühle. Das musste sich herumgesprochen haben. Denn wenig später kamen einige der Jungen und Mädchen aus meiner ehemaligen Jugendgruppe zu mir. Sie waren besorgt und fragten mich, wie es mir gehe und wann ich denn mal wieder zu ihnen käme.

Ich traute meinen Augen und meinen Ohren nicht: Sie kamen, um mich in meinem Versteck zu besuchen? Warum? Sie wollten, dass wir wieder einmal gemeinsam etwas unternahmen? Warum mit mir? Ich konnte kaum glauben, dass irgendjemand noch irgendetwas mit mir zu tun haben wollte. Und doch war es so. Ich wurde nachdenklich. Da musste doch noch etwas übrig geblieben sein von mir. War da noch ein Rest, womöglich ein liebenswerter Rest?

Langsam stand ich auf, sehr langsam. Ich aß etwas und trank etwas und ging zum Padre, um ihm meinen Lebensirrtum zu beichten: „Ich bin die ganze Zeit in die falsche Richtung gelaufen. Und jetzt bin ich hier. Ich habe keine Ahnung, was ich mit mir anstellen soll. Nur eins ist klar: Ich will endlich wieder leben! Ich habe das irgendwann unterwegs vergessen. Und jetzt will ich das wieder lernen." Der Padre hatte ein anderes Buch von Eugen Drewermann in seinem Regal stehen, das den schönen Titel trägt: „Ich steige hinab in die Barke der Sonne. Meditationen über Tod und Auferstehung". Ich nahm das Buch mit in mein Zimmer. Darin stand ein Satz, dem ich mein Leben verdanke: „Erst in der Verzweiflung begreift der Mensch, was er wirklich will. Und da beginnt der Glaube."[20]

Ich schloss einen Pakt mit diesem Leben und der Liebe und den Menschen um mich her. Dieser Pakt gilt bis heute und hoffentlich für den Rest meines Lebens. „Liebe und tu, was du willst", heißt es bei Augustinus. Das könnte auch die Überschrift über mein Leben sein: lieben und tun, was ich will. Es dauerte gar nicht lange, da hatte ich mich neu verliebt, zum ersten Mal nach

---

[20] Drewermann, Ich steige hinab in die Barke der Sonne. Meditationen zu Tod und Auferstehung (5. Aufl., Olten 1992). Den Satz habe ich in dieser Form beim Nachlesen nicht wiedergefunden. Da er mir aber so überlebenswichtig geworden ist, lasse ich ihn hier so stehen.

vielen Jahren. Wir hatten keine Zukunft, das wussten wir. Aber wir hatten eine kleine Gegenwart. Ein Anfang war gemacht …

Meine Zeit in Chile lief ab. Im Februar 1992, 15 Monate, nachdem mein Vater mich zum Frankfurter Flughafen gebracht hatte, stand ich wieder dort. Meine Eltern fragten nicht viel. Dass ich kein Priester mehr werden wollte, hatte ich ihnen schon geschrieben. Mein Vater redete wenig über solche Sachen. Meine Mutter fand das nicht tragisch. Schon als ich ihr vor Jahren von meinem Berufswunsch erzählte, sagte sie etwas traurig: „Schade, du wärst bestimmt ein guter Familienvater!"

Das wurde ich auch. Zwar ging noch etwas Zeit ins Land. Ich versuchte mich in Münster an einem Studium der Sozialarbeit, das ich nach drei Tagen aufgab. Ich begann ein Praktikum in einer Schreinerei, um später eine Tischlerlehre zu machen. Das Praktikum – und damit die Tischlerkarriere – endeten nach ungefähr zwei Wochen. Ich ging in eine Fabrik, da ich meinen Eltern nicht auf der Tasche liegen wollte. Irgendwann rief meine Mutter an und erzählte, in der Kirchenzeitung unseres Bistums stehe eine Stellenausschreibung: Gemeindeassistent an der katholischen Hochschulgemeinde in Siegen. Ich bewarb mich und hatte wider Erwarten Glück. Der zuständige Abteilungsleiter im Generalvikariat meines Erzbistums, ein Monsignore, war noch recht neu in dem Fachbereich. Er staunte über meine Ideen (die ich allesamt aus der überaus anspruchsvollen Hochschulpastoral in Münster entliehen hatte) und war auch sonst kleineren Experimenten gegenüber nicht ganz abgeneigt. Zudem war sein Generalvikar gerade für längere Zeit abwesend. Das war unser Glück. Denn so konnte der Monsignore ohne Rücksprache mit seinem obersten Dienstherrn entscheiden, und ich bekam die Stelle.

Jetzt oder nie

Zwei Jahre habe ich zusammen mit einem aus Breslau stammenden, etwas ängstlichen, aber sehr warmherzigen und unaufdringlichen Studentenpfarrer die Hochschulgemeinde geleitet. Wir hatten eine gute Zeit. Die Gemeinde war klein. Unsere Tür stand für jeden offen. Wir redeten viel über Gott und die Welt. Zweimal in der Woche feierten wir die Eucharistie. Wir fuhren gemeinsam nach Assisi und träumten unsere Kirchenträume: „Siehst du nicht, dass meine Kirche zerfällt. Geh und bau' sie wieder auf!"
Ich schloss Freundschaften, die bis heute bestehen – oder wenigstens ein Leben lang. Eine davon war die zu Gela (mit vollem Namen Angela), einer aus Eisenach stammenden Studentin der Geschichte. Sie war die Attraktion der Gemeinde: ein echtes Exemplar aus Ostdeutschland! Gela wurde intensiv nach ihrem Leben in der ehemaligen DDR befragt. Von der Kirche hatte sie genug. Zwar hatte sie Erfahrungen mit einer regimekritischen Kirche gemacht, aber das waren Ausnahmen. Im Großen und Ganzen hatte sich die katholische Kirche ihrem Eindruck nach mit den Machthabern der DDR arrangiert. Dennoch suchte Gela den Weg in unsere Gemeinde, vielleicht, um den Faden des Christentums noch einmal neu aufzunehmen, jedenfalls aber, um Bekanntschaften an ihrem neuen Wohnort zu machen und vielleicht sogar Freundschaften zu schließen.
Das gelang. Wir wurden Freunde fürs Leben, bis sie am 14. Dezember 2015 mit 42 Jahren an den Folgen einer Krebserkrankung starb. Als der Krebs sechs Jahre zuvor entdeckt worden war, lud sie mich zum Kaffee ein. Sie schilderte mir ihre Lage und bat mich, wenn es so weit sei, den Gottesdienst zu ihrer Beerdigung zu gestalten.

Das versprach ich ihr und dachte doch insgeheim: „Mach dich nicht verrückt – du wirst das schon schaffen." Am Ende schaffte sie es nicht. Ich stand also im Wort. Am Reformationstag 2015 fuhr ich nach München, wo sie seit einigen Jahren mit ihrem Partner lebte. Er kann großartig kochen. Und so bereitete er ein schmackhaftes Mahl zu. Wir aßen zu Abend. Dann bereiteten wir gemeinsam den Gottesdienst zu Gelas Beerdigung vor. Sie wünschte sich drei Musikstücke, darunter das „Hallelujah" von Leonard Cohen:

And even though it all went wrong
I'll stand before the Lord of song
With nothing on my tongue but Hallelujah.

Gela erzählte uns ihr ganzes Leben, die Enge hinter den Mauern, ihre Sehnsucht nach Freiheit, ihre Liebe zu den Bergen: „Einmal war ich mit der katholischen Jugend in der Slowakei und da sind wir in die Tatra gegangen. Das war das erste Mal, dass ich das Hochgebirge gesehen habe und war sofort fasziniert davon. Die Berge haben mir so viel gegeben. Gemeinsam lange im gleichen Tempo den Berg hochzugehen, die Natur, die Ruhe ..."
Ihre Verbindung zur Kirche war nicht ganz abgerissen. Heinz-Josef Durstewitz, ein katholischer Pfarrer, der sich im Neuen Forum – einer Bürgerrechtsbewegung aus der Zeit der Friedlichen Revolution – engagiert hatte, war in Gelas Jugendzeit als Vikar in Eisenach tätig gewesen. Ihm vertraute sie. Und ihn bat sie, die Eucharistie zu ihrer Beerdigung zu zelebrieren, was er auch tat.
Wir, Gelas Freundinnen und Freunde (die meisten stammten aus der gemeinsamen Zeit in der Katholischen Hochschulgemeinde) lernten viel von ihr über das Leben. Das Wichtigste ist dies: „Nicht im Jetzt leben, das war vorbei. JETZT muss ich's machen! Ich kann das nicht

verschieben. Gib jedem Tag die Chance, der schönste deines Lebens zu werden."

Und Religion, Glaube, Gott, Kirche? „Ich war tief religiös. Mit der Pubertät habe ich Fragen gestellt, die nicht so recht beantwortet wurden. Danach habe ich mein religiöses Leben weitergelebt und bin dann ja auch noch in die katholische Studentengemeinde gegangen. Aber ich nehme das quasi aus der Ferne wahr. Meine Mama lässt die Messe lesen für mich. Das finde ich schön und gut. Auch ich habe Kerzen angezündet, wenn ich in den letzten Jahren in eine Kirche gegangen bin. Damit konnte ich was anfangen. Aber jemand sagte mal ‚Krankheit und Not lehrt Beten'. Das kann ich nicht bestätigen. Ich bin hin und wieder mal in eine Kirche gegangen und habe den lieben Gott auch immer um irgendwas gebeten, was ich mir erhoffe, dass es eintritt. Wünsche kann man ja schon mal formulieren ..." Auf meine Frage, was sie uns mitgeben wolle von sich, sagte Gela: „Das Leben zu lieben. Gelassenheit. Kann einem helfen im Leben."

Nach diesem Abendmahl lief ich stundenlang in München umher. Was war das gerade? Wir haben um einen Tisch gesessen. Wir haben das Leben miteinander geteilt. Wir haben erzählt, nach Gott gefragt und Kerzen gegen die Dunkelheit angezündet. Wir haben Danke gesagt, gegessen, getrunken, gelacht und geweint und so dem herannahenden Tod die Ehre gegeben und zugleich noch einmal ein Schnippchen geschlagen.

Wenn ich je eine Ahnung davon bekommen habe, was mit dem hohen Wort vom „letzten Abendmahl" gemeint sein könnte, dann an diesem Abend in München, auf den kein zweiter folgte. Am anderen Morgen verabschiedeten wir uns. Ich sah Gela nicht wieder. Und trage sie doch bei mir, solange ich bin.

Liebe? So'n Quatsch!

Ich verliebte mich. Das wollte ich eigentlich nicht, da ich Teil der Gemeindeleitung und also zu einer gewissen „Neutralität" verpflichtet war. Aber die Liebe hält sich einfach nicht an Regeln. Das hatte ich ja inzwischen gelernt. Ich verliebte mich also. Als wir heirateten, spielten meine Frau und ich zum Beginn des Gottesdienstes ein kleines Anspiel: Zwei Bekannte unterhalten sich über unsere Absicht, zu heiraten. Auf die Frage des einen, warum wir das täten, antwortet der andere: „Warum wohl? Die Eltern sind ziemlich katholisch. Und sie ist doch Religionslehrerin. Und Kinder haben sie doch auch schon." „Eigentlich schade!", gibt der erste zurück. „Wieso schade?" – „Na ja, hätte ja auch mal jemand aus Liebe heiraten können!" – „Aus Liebe? So'n Quatsch!"

Bei diesem „Quatsch" bin ich bis heute geblieben. Es gibt für mich nur einen einzigen vernünftigen Grund, auf der Welt zu sein: die Liebe. Warum nur habe ich so lange gebraucht, das zu begreifen? Oder lag es gar nicht an mir? Was wäre gewesen, wenn ich mich nie hätte entscheiden müssen zwischen dem einen oder dem anderen? Was wäre gewesen, wenn ich der Berufung zum Priestertum und derjenigen zu Partnerschaft und Familie gleichermaßen hätte folgen dürfen? Ich wäre heute Ehemann und Vater dreier Kinder und Pfarrer in irgendeiner Gemeinde meines Bistums. Schade eigentlich, denn ganz ehrlich: der Beruf des Priesters ist für mich immer noch der schönste der Welt. Aber ohne Liebe geht es nicht. Das ist ja sonnenklar: „Wer liebt, hat Gott erkannt." (1 Joh 4,7)

Chile II

Im Mai 1994 reiste ich mit einem befreundeten Ehepaar und ihrem Pfarrer wieder nach Chile. Die Verbindung zwischen der deutschen Gemeinde meiner Freunde und der chilenischen Kirche existierte bereits seit vielen Jahren. Besonders während der Pinochet-Diktatur war sie wichtig und intensiv. Wir besuchten Bekannte und Freunde und feierten den 80. Geburtstag von Padre Alejandro Deschamps, einem aus Belgien stammenden Arbeiterpriester und Leiter der katholischen Gemeinde in Valdivia im Süden Chiles. Er ist einer der (noch) nicht kanonisierten Heiligen, deren Bekanntschaft und Freundschaft ich der Kirche zu verdanken habe. Er hatte riesige Hände und eine gewaltige Stimme. Sein Lieblingslied war „Je ne regrette rien" von Edith Piaf.[21]
Wir fuhren durchs Land bis nach San Pedro de Atacama im Norden. Rund um diesen magischen Ort breitet sich die Atacamawüste aus. Sie gilt als eine der trockensten der Erde. Ein Salzsee ist dort. Flamingos, die ihre rote Farbe den Krebsen verdanken, die ihnen zur Nahrung dienen, stehen in Scharen am Horizont. Der Himmel ist tiefblau. Es ist sehr warm. Die schlichten Häuser liegen

---

[21] Alejandro Deschamps wurde am 16.4.1914 in Belgien geboren und starb am 3. März 2004 in Valdivia. Im Jahr 1958 erreichte er Corral, eine etwa 15 Kilometer westlich von Valdivia am pazifischen Ozean gelegene Kleinstadt. Seit 1974 leitete er die Gemeinde St Pius X. am Stadtrand von Valdivia, begründete die Arbeiterpastoral der Stadt, ein Zentrum für Jugendpastoral und eine ökologische Gartenkultur. Aus Belgien importierte er die Liebe zum Radsport und gründete den Fahrrad-Club Valdivia. Deschamps ist ein einprägsames Gesicht der Kirche der Armen und für die Armen. Sein Lebensmotto lautete: „Ich liebe euch bis zum Äußersten." Die Menschen, die ihm nahestanden, bestätigen das: „Er war ein Priester im Dienst für andere. Für ihn spielte es keine Rolle, ob jemand Katholik, Protestant, Mormone oder Atheist war. Sein einziger Wunsch war es, zu helfen." (Diaro Austral vom 4. März 2004, Übers. P.N.).

wie schneeweiße Würfel rund um den Dorfplatz. Die Straßen zwischen den Häusern sind aus hellgelbem, sehr feinem Sand. Es ist hell, sehr hell, so als wäre der Ort auf der Sonne selbst gelegen.

Im Zentrum des Dorfes liegt die *Plaza*. In deren Mitte steht ein Brunnen. Nicht sehr hohe Palmen umsäumen den Platz. In ihrem Schatten sind Bänke aufgestellt. Meine Gefährten und ich lassen uns nieder. Wir bewundern die unbekannte Blumenpracht am Fuße des Brunnens. Im Hintergrund hören wir die Stimmen der vor ihren Häusern sitzenden Dorfbewohner. Ein paar Kinder spielen im Sand mit Glaskugeln. Dann und wann kreuzt ein Hund den Kiesweg vor unseren Füßen.

Wir haben eben zu Mittag gegessen und nehmen jetzt unsere Bibel zur Hand. Wir lesen die Geschichte von der Erschaffung der Welt: „Zur Zeit, als Gott, der Herr, Erde und Himmel machte, gab es auf der Erde noch keine Feldsträucher und wuchsen noch keine Feldpflanzen, denn Gott, der Herr, hatte es auf der Erde noch nicht regnen lassen und es gab noch keinen Menschen, der den Erdboden bearbeitete, aber Feuchtigkeit stieg aus der Erde auf und tränkte die ganze Fläche des Erdbodens. Da formte Gott, der Herr, den Menschen, Staub vom Erdboden, und blies in seine Nase den Lebensatem. So wurde der Mensch zu einem lebendigen Wesen. Dann pflanzte Gott, der Herr, in Eden, im Osten, einen Garten und setzte dorthin den Menschen, den er geformt hatte. Gott, der Herr, ließ aus dem Erdboden allerlei Bäume wachsen, begehrenswert anzusehen und köstlich zu essen, in der Mitte des Gartens aber den Baum des Lebens und den Baum der Erkenntnis von Gut und Böse. (...) Gott, der Herr, nahm den Menschen und gab ihm seinen Wohnsitz im Garten von Eden, damit er ihn bearbeite und hüte. Dann gebot Gott, der Herr, dem Menschen: Von allen Bäumen des Gartens darfst du essen, doch vom Baum der Erkenntnis von Gut und Böse darfst du nicht essen; denn am Tag, da du davon isst, wirst du sterben." (Gen 2, 4-17)

Meine Freunde, der Pfarrer und ich müssen nicht viel reden. Wir sehen, was wir lesen: den Garten, die Bäume, die Tiere und die Menschen. Es ist so, als hätte Gott sein Meisterstück eben erst vollendet. Siebenmal ist alles gut. Dass man an diesen Garten nicht rühren darf, ohne ihn zu zerstören, liegt auf der Hand. Alles ist ja so, wie es sein soll. Jedes Detail ist sorgfältig ausgewählt und an seinem Bestimmungsort platziert. Nichts ist da, was erobert werden müsste. Nichts wartet darauf, unterworfen zu werden. Nichts ist zu viel, nichts zu wenig. Alles genügt. Nur eines tut not: Behutsamkeit. Es ist das, was Albert Schweitzer „Ehrfurcht vor dem Leben" nennt.

Um diese Ehrfurcht ist es längst geschehen. Der Baum in der Mitte des Gartens ist längst schon verschwunden. Die Achse, um die sich alles dreht, ist gebrochen. Die Kompassnadel für Gut und Böse hat ihre Orientierung verloren. Und so kommt es, wie es kommen musste: Wir werden sterben. Vielleicht müsste es heißen: Wir werden *anders* sterben. Denn sterben müssen wir ja sowieso. Aber anders sterben, das hätte nicht sein müssen, nicht sein sollen, auf keinen Fall sein dürfen: sterben im Krieg, sterben vor Hunger und Durst, sterben, weil einem das Recht zu leben abgesprochen wird, sterben, weil die Fluten steigen, sterben mit Schreien auf den Lippen und Tränen in den Augen, sterben von eigener Hand, sterben vor der Zeit, einen Tod sterben, für den es keine Worte und nach dem es kaum noch ein Gedicht gibt und nach dem auch die Gebete seltener werden … So hätten wir nicht sterben sollen. Es ist wahr. Wir lernen es täglich unter Schmerzen. Gott selbst hatte es gesagt. Aber wer ist schon Gott …?

Ich teilte übrigens ein Zimmer mit dem Pfarrer. Eines Morgens wurde ich von seinem resoluten Ruf geweckt: „Sei still!" Und noch einmal: „Sei still!" Ich fragte irritiert, warum er mich so anspreche. Da erst merkte ich, dass gar nicht ich gemeint war, sondern sein Wecker. Der reagierte auf akustische Anweisungen. Ich nicht. Und so nahm das Unheil seinen Lauf ...

Gastfreundschaft

Kaum aus Chile zurück, erreichte mich der Anruf des Abteilungsleiters Schule und Erziehung im Generalvikariat meines Bistums. Es sei ernst, meinte der freundliche Monsignore. Ich möge bitte zum Gespräch ins Generalvikariat kommen. Mit unruhigem Herzen und klarem Verstand fuhr ich also dorthin. Der amtierende Generalvikar eröffnete mir, dass ich mich in einem (ursprünglich als Leserbrief verfassten) Artikel in einer Zeitschrift für kritische Christen abweichend gegenüber der Lehre der katholischen Kirche geäußert habe. Das stimmte. Mein Brief war eine Reaktion auf die in derselben Zeitschrift kurz vorher veröffentlichte Generalkritik aus den Reihen der Deutschen Bischofskonferenz an den hauptamtlich Mitarbeitenden in der Hochschulpastoral, die in dem Vorwurf gipfelte, dass wir, anstatt die Studierenden wieder an die Kirche heranzuführen, sie vielmehr mit unserer eigenen kirchenkritischen Attitüde noch weiter von ihr wegführten. Das fand ich unfair, weil es an meiner eigenen hochschulpastoralen Erfahrung vollständig vorbeilief. Tag für Tag mühten wir uns, durch eine Nebelwand aus Desinteresse, mehr oder weniger begründeter Ablehnung und offenem Spott zu den Hochschulangehörigen durchzudringen und sie auf die

Sache, um die es uns ging, anzusprechen. Dann und wann gelang uns das auch, aber zumeist nicht weil, sondern *obwohl* wir als Angestellte unserer Kirche auftraten.

Ich glaube, dass diese Erfahrung verallgemeinerungsfähig ist. Es gibt unzählige höchst glaubwürdige Mitarbeiterinnen und Mitarbeiter in der Kirche, ob Priester oder nicht, in Leitungsämtern oder nicht. Es gibt ein großartiges, mutiges, unverzichtbares Engagement auf allen Ebenen kirchlichen Lebens weltweit. Immer dann, wenn es ernst wird, suchen die Menschen eine Kirche (oder eine Synagoge oder eine Moschee, jedenfalls einen Ort der existentiellen Rückbindung, also einen religiösen Ort) auf. Was denn auch sonst? Ich bin davon überzeugt: Ohne die Kirchen wäre unsere Gesellschaft arm dran. Aber dieser Schatz für die Menschheit ist verborgen unter Tonnen von Schutt und Asche. Und es gibt zu viele, die diese Asche für den Schatz selber halten.

Mit einem Hüter der Asche machte ich nun also nähere Bekanntschaft. In besagtem Leserbrief hatte ich davon berichtet, dass zu unseren eucharistischen Gottesdiensten in der Hochschulgemeinde alle Menschen guten Willens gleich welcher religiösen Überzeugung willkommen seien. Das schloss den Kommunionempfang selbstverständlich ein. Wir freuten uns über jeden, der den Weg zu uns fand. Für viele junge Leute war unsere Gemeinde seit langem der erste Versuch einer Wiederannäherung an die Kirche. Andere fanden zum ersten Mal überhaupt den Weg zu ihr oder zum Christentum, so etwa eine Studentin, deren auf Liberalität abonnierte Eltern ihr keinerlei religiöse Erziehung zuteilwerden ließen, um sie in ihrer späteren Entscheidung nicht einzuschränken. Sie war nicht getauft, aber sehr interessiert. Mit großer Ernsthaftigkeit nahm sie am Leben der Gemeinde und auch an den Mahlfeiern teil. Hätte ich sie darauf hinweisen sollen, dass sie die Zulassungsvoraussetzungen zum Kommunionempfang nicht erfüllte? Hätte ich sie auf einen späteren Zeitpunkt vertrösten sollen, an dem sie sich vielleicht zu einer katholischen Taufe entschieden hätte? Nein! Denn dann hätte sie, kaum auf den Geschmack des Christentums gekommen, ihm vermutlich schon wieder den Rücken gekehrt.

Außerdem: Alles, was ich bis dahin vom Christentum verstanden zu haben glaubte, lief darauf hinaus, dass der Mann aus Nazareth nur den Ausschluss selber ausschließt. Das Christentum ist ein Weltprogramm religiöser Inklusion. Weiter als Jesus hat nie ein Religionsstifter (der er darum auch gar nicht sein wollte) die Grenzen für die Zuständigkeit der Liebe Gottes gezogen, bis dahin, dass es keine mehr gibt: „Es gibt nicht mehr Juden und Griechen, nicht Sklaven und Freie, nicht männlich und weiblich; denn ihr alle seid einer in Christus Jesus." (Gal 3,28) Daran gemessen, steckt das Christentum noch tief in den Kinderschuhen.

Der Streitgegenstand zwischen dem Generalvikar und mir war also die hinlänglich bekannte Frage nach den Zulassungsvoraussetzungen für den Kommunionempfang im Rahmen einer katholischen Messfeier. Das Reglement spricht eine klare Sprache: Nur ein katholisch getaufter Christ darf die hl. Kommunion empfangen. Hinzu kommt, dass er sich nicht im Zustand schwerer Sünde befinden darf. Darum z.B. ist ein geschiedener Katholik, der wieder heiratet, vom Kommunionempfang ausgeschlossen, da er die als unauflöslich geltende Ehe mit seiner ersten Frau bricht.

Was meinen Fall betraf, so war mir durchaus daran gelegen, nicht schon nach zwei Jahren meinen kirchlichen Dienst zu quittieren. So versuchte ich, den Generalvikar zur Milde zu bewegen. Wir diskutierten eine Weile hin und her, wie denn Jesus selbst wohl über die Zulassung zum Abendmahl gedacht haben möge. Ich bemühte theologische Expertisen. Sogar Bischofsworte wurden in die Waagschale geworfen, zum Beispiel aus dem Mund des damals noch amtierenden französischen Bischofs Jacques Gaillot. Ich konnte ja nicht ahnen, dass Gaillot kurz darauf in ein längst von der Landkarte verschwundenes Bistum in Nordafrika – Partenia – verbannt werden würde.[22] Die theologische Fakultät der Universität, für die unsere Hochschulgemeinde zuständig war, wandte sich in einem Brief an den Erzbischof und bat um Augenmaß angesichts der nachgeordneten Funktion des Delinquenten. Man müsse nicht mit Kanonen auf Spatzen schießen.

Doch es half alles nichts. Es spielte keine Rolle, dass ich als Assistent über die Zulassung zum Empfang der hl. Kommunion gar nicht zu befinden hatte. Es spielte auch keine Rolle, dass es landauf, landab kaum einen Priester oder Gemeindepfarrer gab und gibt, der Menschen die Kommunion verweigert, auch wenn er kirchenrechtlich dazu angehalten wäre. Es spielte keine Rolle, dass ich anbot, im Falle der Nachfrage die geltende Lehre der Kirche zu erläutern und im Übrigen darauf zu verweisen, dass nicht ich, sondern der Gemeindepfarrer zu entscheiden habe, ob jemand zugelassen sei oder nicht. Das alles spielte keine Rolle.

Mein Gegenüber bestand auf einem öffentlichen Widerruf. Dazu war ich nicht bereit. Die Kündigung ließ

---

[22] Jacques Gaillot, geboren 1935, war von 1982 bis 1995 Bischof der französischen Diözese Evreux. Auf Druck der damaligen französischen Regierung wurde er am 13. Januar 1995 von Papst Johannes Paul II. in das – nicht existente – Titularbistum Partenia in Algerien versetzt. Gaillot erweckte dieses Bistum als „Diözese ohne Grenzen" im Internet zu neuem Leben. Heute lebt Gaillot in Paris und engagiert sich für Arbeits- und Obdachlose sowie für ausländische Menschen ohne gültige Aufenthaltspapiere.

nicht lange auf sich warten. Briefe wurden an den Erzbischof geschrieben. So etwas passiert für gewöhnlich. Aus dem Generalvikariat hörte man dazu: „Die Leute gehen auf die Palme. Aber sie kommen auch wieder herunter ..." Es gab ein kleines Nachspiel beim Arbeitsgericht meiner Kreisstadt. Der Justiziar des Generalvikariats machte seine Sache gut. Er verwies auf den Tendenzschutz der Arbeit gebenden Kirche. Das Verfahren wurde eingestellt. Die Zeitschrift für kritische Christen, an die ich meinen Leserbrief geschickt hatte, veröffentlichte einen knappen, etwas reißerischen Artikel über den provinziellen Kirchenstreit unter der Überschrift: „Mister Gnadenlos". Das sollte den Erzbischof selbst treffen. Vermutlich hat er ihn gar nicht gelesen. Darüber hinaus war mein Fall auch für die Zeitung nicht mehr interessant.

Ich selbst hatte mit dieser Geschichte naheliegender Weise noch etwas länger zu tun. Ein halbes Jahr war ich arbeitslos. Dann entschied ich mich für eine Umschulung zum Krankenpfleger. Zwar interessierte mich die Medizin nicht sonderlich, aber die Menschen umso mehr. Über 15 Jahre war ich im Nachtdienst eines kleinen Krankenhauses am Rande meiner Stadt tätig. Mein ganzer Ehrgeiz richtete sich darauf, Menschen gut durch die Nacht zu geleiten. Hatte ein Patient Schmerzen, so konnte ich ihm Linderung verschaffen. Hatte jemand Sorgen, so konnte ich manchmal für etwas Seelenruhe sorgen. Empfand er Durst, bereitete ich ihm einen Tee. Das ist ja keine große Sache. Mit einem Patienten, der nicht aus dem Bett aufstehen durfte und liebend gern eine Zigarette rauchen wollte, die man ihm am Tag regelkonform verwehrt hatte, rauchte ich. Anschließend sperrten wir die Fenster auf, bis die Morgensonne ihre ersten Strahlen in das Zimmer schickte. Davon erzählt der Mann noch heute.

Der Pfarrer, mit dem ich in Chile das Zimmer geteilt hatte und der seinem Wecker befahl „Sei still!", hätte mir sicher gern geholfen. Doch vermutlich hatte er keine Idee, wie er das anstellen sollte. Ein Versuch scheiterte kläglich: Ungefähr ein Jahr nach meiner Entlassung aus dem kirchlichen Dienst fand das sogenannte Kirchenvolksbegehren statt. Von Österreich ausgehend, erfasste eine breite Demokratiebewegung die Kirche. Sie trug den Titel „Wir sind Kirche". Ihre Forderungen waren so plausibel wie unerhört – bis heute: Zulassung der Frauen zum Priestertum, Abschaffung des Zwangszölibats für Weltpriester, Zulassung geschiedener Wiederverheirateter zur eucharistischen Mahlgemeinschaft, Humanisierung der kirchlichen Sexualmoral, Demokratisierung der kirchlichen Leitungsstrukturen. Die Klassiker des Reformkatholizismus also, manche sagen auch: die Ladenhüter, und wenden sich ab.

Das Erzbistum Paderborn antwortete auf die Reformbewegung mit eigenen Veranstaltungen zur Belebung des gemeindlichen Lebens. Eine davon fand in einem Theatersaal in Siegen statt. Man hatte uns, den Vertreterinnen und Vertretern des Kirchenvolksbegehrens, einen Stand im Foyer des Saals angeboten. Dort standen wir also, als der Pfarrer mit dem Erzbischof erschien, demselben, der sich so freundlich nach meinem Befinden erkundigt hatte, als mir während der Firmung meines Bruders schlecht geworden war, demselben, der mich in seinem Palais mit seiner warmen Hand begrüßt hatte, und demselben schließlich, der seinen Generalvikar gewähren ließ, als dieser auf seine Art für Ordnung sorgte. Der Pfarrer lenkte die bischöflichen Schritte in meine Richtung, um uns die Möglichkeit zu eröffnen, uns die Hand zur Versöhnung zu reichen. Dem war ich nicht gewachsen. Ich behielt meine Hand für mich und sagte stattdessen: „Treten Sie zurück. Treten Sie endlich zurück!" Der Erzbischof antwortete: „Ihretwegen bestimmt nicht." Dem Pfarrer war mein Auftritt peinlich. Wie gern hätte er jetzt wohl gesagt: „Sei still!" Die beiden drehten mir den Rücken zu und verschwanden im Saal. Meinen Bischof sah ich nie wieder. Er starb 2002. Der Pfarrer ist mittlerweile selbst Bischof. Ich glaube, er hat mich gern. Jedenfalls würde mich das freuen. Dafür, dass ich seinen Wunsch nach Versöhnung mit Füßen getreten habe, schäme ich mich noch heute. Ich hätte einfach still sein sollen. Aber das sagt sich so leicht …

Der Tisch der Welt

Ich habe die Arbeit in der Gemeinde immer vermisst, mehr aber noch die Theologie. Meinem Doktorvater Gotthold Hasenhüttl verdanke ich, dass er mir, der ich längst aus dem kirchlichen Dienst entfernt und aller theologischen Beschäftigung entwöhnt war, die Möglichkeit gab, noch einmal zu meiner theologischen Liebe zurückzukehren und 2001 eine Promotion vorzulegen, in der ich das politische Christentum von Johann Baptist Metz mit dem therapeutischen Christentum Eugen Drewermanns zu verbinden suchte. Denn dass Befreiung und Heilung zwei Seiten einer Medaille sind, fand ich immer selbstverständlich, weshalb ich die kleinen und großen Scharmützel, die sich Metz und Drewermann zeitweilig lieferten, nicht nachvollziehen und schon gar nicht als unabänderlich hinnehmen konnte und wollte.[23]

---

[23] Vgl.: Neuhaus, Erinnerung als Brückenkategorie. Anstöße zur Vermittlung zwischen der Politischen Theologie von Johann Baptist

Kurze Zeit darauf geriet mein Doktorvater in die Mühlen kirchlicher Justiz, was mich umso mehr schmerzte, als dass ich ihn in den drei Jahren unserer gemeinsamen Zeit als menschlich außerordentlich freundlich und zugewandt, theologisch klar und als Hochschullehrer seinen Studierenden und Mitarbeitenden gegenüber voller Wertschätzung und ohne jede professorale Arroganz erlebte.

Gotthold Hasenhüttl ist von Anbeginn seiner theologischen Laufbahn ein mit offenem Visier kämpfender Streiter für eine Kirche mit menschlichem Antlitz gewesen, deren Hauptwort „Freiheit" lautet und deren Unwort schlechthin „Zwang" heißt. Von ihm stammt der Begriff vom „Eichmann-Gehorsam"[24] gegenüber dem Papst, an dem das kirchliche Leben vor allem anderen kranke.

Während des ersten Ökumenischen Kirchentages am 29. Mai 2003 feierte der Priester Hasenhüttl in der Gethsemane-Kirche in Berlin-Prenzlauer Berg einen ökumenischen Gottesdienst mit Eucharistiefeier. Er lud alle Mitfeiernden zum Kommunionempfang ein. Der zuständige Bischof von Trier und heutige Vorsitzende der Deutschen Bischofskonferenz, Kardinal Reinhard Marx, forderte Hasenhüttl daraufhin am 2. Juli 2003 auf, folgende Erklärung zu unterschreiben: „Mein Verhalten bei der Eucharistiefeier, der ich am 29. Mai 2003 in der Berliner Gethsemane-Kirche vorstand und bei der es durch mich zu erheblichen Verstößen gegen das kirchliche Recht kam, bereue ich. Ich werde mich in Zukunft an die kirchliche Ordnung halten …"[25] Hasenhüttl

---

Metz und der Tiefenpsychologischen Theologie von Eugen Drewermann (Münster 2001).

[24] Hasenhüttl, Aussperrung zerstört die Kirche. In: Peter Eicher (Hg.), Der Klerikerstreit. Die Auseinandersetzung um Eugen Drewermann (München 1990), 58.

[25] Zit. nach Pauly, Gotthold Hasenhüttl. Theologie und Kirche im Konflikt (Darmstadt 2015), 44.

bereute nicht. Er wurde daraufhin am 17. Juli 2003 vom Priesteramt suspendiert. Knapp drei Jahre später, am 2. Januar 2006, entzog ihm der Bischof von Trier auch die kirchliche Lehrerlaubnis. Im Rahmen des zweiten Ökumenischen Kirchentags in München feierte Gotthold Hasenhüttl am 15. Mai 2010 zusammen mit dem protestantischen Pfarrer Eberhard Braun erneut einen Gottesdienst und lud alle Mitfeiernden zum Kommunionempfang ein. Auch die evangelische Kirche stellte dazu kein Gotteshaus bereit, so dass der Gottesdienst in den Räumen der Universität stattfand.[26]

Am 28. September 2010 trat Gotthold Hasenhüttl aus der Kirche als Körperschaft öffentlichen Rechts aus, ein Mann, der sein gesamtes Leben und Wirken der katholischen Kirche gewidmet hat:

1952 trat er ins Priesterseminar seiner österreichischen Heimatdiözese Graz ein. Ein Jahr später wechselte er zum Studium an das renommierte, 1552 von Ignatius von Loyola gegründete Pontificum Collegium Germanicum et Hungaricum in Rom. Als der Hoffnungsträger Johannes XXIII. am 28. Oktober 1958 zum Papst gewählt wurde, stand Hasenhüttl mit Tausenden auf dem Petersplatz, um einen neuen Kirchenfrühling zu begrüßen. Auf Initiative von Hans Küng wurde er wissenschaftlicher Assistent an der theologischen Fakultät der Universität Tübingen und legte dort 1969 seine Habilitation unter dem Titel „Charisma. Ordnungsprinzip der Kirche" vor. Darin geht es – in radikaler Abkürzung – um eine an den vielfältigen geistlichen Talenten der Christen ausgerichtete, freiheitliche Grundordnung der Kirche. Zweitkorrektor war Joseph Ratzinger, 1966 auf Initiative Küngs an die Universität Tübingen berufen und von 2005 bis zu seiner Pensionierung 2013 Papst der römisch-katholischen Kirche.

---

[26] Ebd., 47.

Die Habilitation Hasenhüttls machte später noch einmal auf besondere Weise Kirchengeschichte: 1981 publizierte der brasilianische Franziskaner und Befreiungstheologe Leonardo Boff eine Streitschrift mit dem Titel „Kirche: Charisma und Macht". Darin beschreibt er auf der Basis der Untersuchung Hasenhüttls die charismatische, also geist- statt machtgestützte Grundstruktur der Kirche: „Die Geschichte des Heils zeigt, dass, wo der Geist am Werk ist, wir mit Neuem, Unerwartetem und Noch-nicht-Dagewesenem rechnen können."[27]

Einstweilen blieb jedoch alles beim Alten: Boff wurde aufgrund dieser Veröffentlichung mit einem einjährigen Rede- und Lehrverbot belegt. 1992 verließ er seinen Orden und ließ sich in den Laienstand versetzen. Der Kirche der Armen und einer Theologie des Lebens, in der er Impulse der Befreiungstheologie mit denen einer Ökologischen Theologie verbindet, blieb er bis heute treu.

Wenn ich daran denke, wieviel Streit und Leid ausgerechnet das wertvollste Sakrament der Kirche, das Abendmahl, über die Menschen gebracht hat, so bleibt mir der eucharistische Bissen im Halse stecken. Doch was hilft's? Entweder wir schaffen es irgendwann, uns um den einen großen Tisch dieser Welt zu versammeln und das Leben miteinander zu teilen, oder es wird irgendwann kein Tisch mehr da sein, an den wir uns setzen könnten.

Chile III

Noch einmal Chile: Osorno, die Wirkungsstätte des mittlerweile 79-jährigen Padre Pedro, wurde in den vergangenen drei Jahren zum Epizentrum des weltweiten

---

[27] Ebd., 284.

kirchlichen Missbrauchsskandals. Im Januar 2015 ernannte Papst Franziskus den hoch umstrittenen Militärbischof Juan Barros zum Bischof des südchilenischen Bistums. Er löste damit ein kirchliches Erdbeben aus, dessen Schockwellen sich über die gesamte Weltkirche verbreiteten. Denn Juan Barros war tief in den Missbrauchsskandal verstrickt. Gegen ihn wurde der Vorwurf erhoben, als Mitarbeiter und enger Vertrauter Fernando Kardimas, Priester der Elitepfarrei El Bosque in Santiago de Chile, von dessen sexuellem Missbrauch Jugendlicher und junger Seminaristen in den 80er und 90er Jahren gewusst zu haben, für die Kardima bereits 2011 von der römischen Kongregation für die Glaubenslehre für schuldig befunden worden war.

Der Gottesdienst zur Einführung des neuen Bischofs am 21. März 2015 geriet zu einer lautstarken Demonstration. Viele der mir aus meiner Zeit Anfang der 90er Jahre vertrauten Mitarbeiterinnen und Mitarbeiter in der Pastoral der Diözese Osorno beteiligten sich daran: „Fuera Barros!" stand auf den Transparenten: „Barros, hau' ab!" Dass die von dem auch heute noch geradezu als Heiligem verehrten Franziskanerpater Valdes gegründete Diözese dem Kollaborateur eines verurteilten Kinderschänders übertragen worden war, der behauptete, von den Verbrechen Kardimas nichts gewusst zu haben, war für die in der Vergangenheit stets hierarchietreuen Katholikinnen und Katholiken unerträglich.

Das Kirchenbeben erstreckte sich bald über die Grenzen Osornos auf das gesamte Land und reichte bis in die USA und nach Europa. Missbrauchsopfer meldeten sich zu Wort, ohne jedoch angehört und ernstgenommen zu werden. Im Gegenteil, die chilenische Bischofskonferenz stellte sich geschlossen hinter Barros und erklärte seine Integrität. Drei Jahre verbrachte das Bistum im Ausnahmezustand. Der neue Bischof konnte seine

Gottesdienste nur unter Polizeischutz halten und verschanzte sich in seiner Residenz. Der Widerstand blieb laut. Auch Peter Kliegel kämpfte mit dem Mut der Verzweiflung für eine Überwindung der Lebenskrise des Bistums, dem er sein ganzes Leben gedient hatte. Mehrfach konfrontierte er Barros mit aller Entschiedenheit: „Sie lügen!"

Die letzte Eskalationsstufe erreichte der Konflikt im Januar 2018: Auf seiner Lateinamerikareise, die ihn auch nach Chile führte, verteidigte der Papst Juan Barros und nannte die Vorwürfe gegen ihn verleumderisch. Dem widersprach selbst der Vorsitzende der päpstlichen Kinderschutzkommission, Kardinal Seán Patrick O' Malley. Franziskus entsandte daraufhin den Erzbischof von Malta als Sonderermittler nach Chile. Padre Peter schrieb mir dazu am 7. Februar: „Wir hoffen, dass der gute Mann aus Malta uns auch anhört, wir erleben ja hier den Kollateralschaden von dem ganzen Ambiente Kardima, voll unterschätzt von den kirchlichen Autoritäten. Ein Hoffnungsschimmer, eigentlich der letzte … Die Augen tränen, wenn's doch Tränen der Erlösung wären …"

Franziskus selbst traf sich in Rom zu mehrtägigen Gesprächen mit den Missbrauchsopfern Juan Carlos Cruz, James Hamilton und Jose Andres Murillo. Juan Carlos Cruz berichtete nach dem Treffen, der Papst habe die Opfer persönlich und im Namen der Kirche um Verzeihung gebeten. Franziskus entschuldigte sich und gestand, schwere Fehler bei der Beurteilung des Falls Barros begangen zu haben: „Voller Scham muss ich eingestehen, dass wir nicht zugehört und rechtzeitig gehandelt haben."

Am 18. Mai 2018 boten alle 34 chilenischen Bischöfe dem Papst ihren Rücktritt an – der gesamte Episkopat des Landes. Das hatte es in der über 2000-jährigen Geschichte der katholischen Kirche noch nicht gegeben.

Am 11. Juni nahm Franziskus das Rücktrittsgesuch Barros' und zweier weiterer Bischöfe an. Es folgten weitere Rücktritte und umfangreiche staatsanwaltliche Ermittlungen in allen Landesteilen, die nach wie vor andauern. Im September 2018 hat der Papst Fernando Kardima aus dem Klerikerstand entlassen. Sein Opfer Juan Carlos Cruz schrieb auf Twitter: „Ich hätte nie gedacht, dass ich diesen Tag jemals erleben würde. Kardima hat das Leben so vieler Menschen zerstört."

Bis zur endgültigen Neubesetzung des Bistums Osorno bestimmte Papst Franziskus am 11. Juni 2018 den gebürtigen Mapuche und Franziskanerpater Jorge Enrique Concha Cayuqueo zum päpstlichen Administrator. Pater Pedro schrieb mir einige Monate später, am 8. Dezember: „Die Diözese findet nur langsam wieder zu sich als Gemeinschaft, ungemein viele Treffen mit Gruppen und dem bischöflichen Diözesanverwalter, viele, viele Stunden. Er war nun auch schon zweimal bei uns zu Gottesdiensten (der Feier zur Heiligsprechung von Obispo Romero und letzte Woche zur Firmung von Lehrern und Eltern unserer Schule). Ich warte darauf, dass er mir die Gelegenheit bietet, ihn in das Leben und die Pläne der Jugendstiftung einzuführen. Dazu brauche ich wenigstens einen ganzen Tag. 40 Jahre Einsatz lassen sich nicht mit einer halben Stunde abspeisen. Ich warte geduldig ..." Ich weiß, warum: weil er an den Menschen glaubt, an die Gemeinschaft und an den Heiligen Geist.

Notwendige Orte

Ich bin am Ende meiner kleinen Kirchengeschichte angelangt und schaue mit Dankbarkeit, Trauer und Sehnsucht auf sie zurück. Ich sehne mich nach einer Heimat für meinen Glauben, einem guten Ort für meine Fragen, nach Menschen, mit denen ich in Glaube, Hoffnung und Liebe verbunden bin und meinen Weg in der Spur des Mannes aus Nazareth gehen kann. Doch da ist kein Ort. Beinah jedenfalls. Ein Ort ist bis heute geblieben, ausgerechnet ein Kloster, genauerhin das Benediktinerkloster Gerleve.

Die Abtei liegt nahe bei Münster. Sie wurde Anfang des 20. Jahrhunderts gegründet. Hier beten und arbeiten etwa 40 Mönche. Wie es die Regel des Heiligen Benedikt vorsieht, kommen sie sechsmal am Tag in der Abteikirche zusammen. Der Gregorianische Gesang erfüllt den hohen, lichten Kirchenraum. Die Orgel klingt sehr sanft. In der Apsis hängt eine spätromanische Kreuzigungsgruppe aus dem 13. Jahrhundert. Seit beinah acht Jahrhunderten ist sie Zielscheibe für die Sorgen, Fragen und Hoffnungen der Menschen. In der Mitte des Altarraums steht auf poliertem Granit ein schwerer Sandsteinkubus – der „Tisch des Brotes", wie es in der Erläuterung zur Architektur des Gotteshauses heißt. Von Jesus Christus wird dort gesagt: „Er lädt alle zum Mahl der Vereinigung ein, zur Kommunion mit Gott und untereinander." Die Gäste nehmen am gemeinsamen Mittag- und Abendessen im großen Speisesaal (Refektorium) teil. Die Speisen sind reichlich und schmackhaft. Es wird schweigend gegessen, während ein Pater aus einem Buch geistlicher oder weltlicher Art vorliest. Die Konzentration auf das Essen und das, was lesend vorgetragen wird, ist hoch, ebenso wie die Aufmerksamkeit gegenüber den Bedürfnissen der Tischgenossen. Am Beginn und am Ende jeder Mahlzeit steht ein kurzes Dankgebet. Einmal in der Woche wird der verstorbenen Ordensangehörigen der eigenen Provinz gedacht.

Ich kam zum ersten Mal mit 14 Jahren hierher. Der junge Vikar, der mir die Landschaft der Bibel erschlossen hat, hatte uns auch diesen Ort gezeigt. In der Fastenzeit fuhren wir in einer kleinen Jugendgruppe zu Einkehrtagen nach Gerleve. Wir Jugendliche hatten das Gefühl, bei Außerirdischen zu Gast zu sein. Diese schwarzen Gewänder! Das unablässige Beten! Die eigenartigen Melodien! Wir wollten wissen, ob die hier Lebenden zumindest ein Fernsehgerät besäßen, ob sie in den Urlaub fahren oder sonst irgendetwas tun würden, was sie als Menschen „wie du und ich" zu erkennen geben könnte. Fremder konnte ein Ort nicht sein als dieser. Heute hätten wir vielleicht gesagt: Es war ein bisschen „spooky". Aber das machte auch seinen Reiz aus.

Auf mich hat dieser Ort seine Anziehungskraft nie wieder verloren, im Gegenteil: Gerade seine Andersartigkeit macht ihn für mich so bedeutsam. Wer sich hierher begibt, ist sozusagen exterritorial und damit anderen Gesetzen unterworfen als denen, nach denen sich das Leben für gewöhnlich richtet. Das kann hilfreich sein. So „floh" ich schon als 17-Jähriger hierher, weil meine Mitschüler mir gerade das Leben schwer machten und ich dringend in mir aufräumen musste. Später kam ich als Student, weil ich der Gedanken nicht mehr Herr wurde, die in mir ihr Unwesen trieben und dringend sortiert werden mussten. Anfang März 2017 kam ich wieder, um Anlauf zu nehmen für den letzten Besuch bei meinem Lehrer und Freund Tiemo R. Peters. Seither bin ich dort jedes Jahr für ein paar Tage.

Das ist gar nicht ungewöhnlich. Es gibt viele, die wieder und wieder hierher finden, und keineswegs nur katholisch geprägte Christenmenschen. Jeder hat gute Gründe dafür. Manch einer läuft früher, als er sich vorgenommen hatte, wieder weg, vielleicht, weil die Stille zu sehr auf ihm lastet oder die Zeit, die hier anders schmeckt als gewöhnlich, ihm nicht bekommt. Zumeist aber geschieht etwas anderes: Die Menschen gehen behutsamer miteinander um, als es normalerweise der Fall ist. Sie wirken nachdenklicher. Sie verzichten auf die gängigen Inszenierungen. Sie sind leiser. Sie reden nicht viel. Sie sind aufmerksamer – auf sich und andere.

Das Kloster ist ein Ort der Muße. Jedenfalls erfahre ich ihn so: als einen – wie der Kieler Philosoph Ralf Konersmann sagt – Ort „erhöhter Präsenz"[28]. „Die Muße ermöglicht die Unabhängigkeit und Weite des Blicks, die es überhaupt erst gestatten, sich über das Nächstliegende und Unaufschiebbare hinaus den Belangen der *humanitas* zuzuwenden."[29] Ich brauche diesen Ort. Wenn ich dort bin, weiß ich, was ich vermisse und um Gottes und der Menschen willen nicht verloren geben will.

Ohne Sehnsucht geht es nicht

Ich bin ein religiöser Vagabund mit nichts als meiner Sehnsucht im Gepäck, aus der Heimatlosigkeit meines Glaubens wieder einen Ort zu finden, an dem mein Glaube (über-)leben kann. Dann und wann treffe ich Menschen, die sich ähnlich heimatlos fühlen wie ich. Andere schütteln den Kopf und fragen, was ich denn eigentlich suche und ob das denn heute wirklich noch nötig sei. Ich erzähle dann eine meiner kleinen Geschichten, die ich der Kirche verdanke: von menschlichen Begegnungen oder von biblischen Geschichten oder von fremden Ländern oder von meiner trotzigen Hoffnung auf ein Leben über den Tod hinaus.

---

[28] Konersmann, Wörterbuch der Unruhe (Frankfurt a.M. 2017), 134.
[29] Ebd.

Wer nichts vermisst, der findet nichts. Meine Frage an Tiemo R. Peters kurz vor seinem Tod lautete deshalb, ob wir uns nicht, um zu den Quellen unseres Lebens, unseres religiösen zumal, zurückzufinden, zunächst über unseren Durst miteinander verständigen müssten? Denn der Durst geht dem Trinken voraus und der Hunger dem Essen. Ich stelle mir Orte des geteilten Durstes vor, möchte mich mit Menschen verbinden, die ebenso durstig sind wie ich, und imaginiere Biotope der Sehnsucht, an denen wir unseren Durst miteinander teilen oder gar uns erst wieder an ihn erinnern.

Was wäre dadurch gewonnen? Vielleicht die Möglichkeit einer Erfahrung ähnlich derjenigen jener Frau am Jakobsbrunnen, zu der Jesus sagt: „Wer von diesem Wasser trinkt, wird wieder Durst bekommen. Wer aber von dem Wasser trinkt, das ich ihm geben werde, wird niemals mehr Durst haben." Und die Frau antwortet: „Gib mir dieses Wasser, damit ich keinen Durst mehr habe und nicht mehr hierherkommen muss, um Wasser zu schöpfen." (Joh 4,7-15)

Drittes Kapitel:
Sehnsucht nach einem neuen galiläischen Frühling

Kommt noch was?

Thomas Mann erzählt in den Buddenbrooks eine bewegende Szene: Eines Nachmittags blättert der letzte Spross der Familie, Hanno (Johann), in der Familienchronik. Lange Namenskolonnen und prägende Familienereignisse der Vergangenheit ziehen an ihm vorüber. Hanno liest gebannt all diese Geschichten, nimmt dann ein Lineal zur Hand und macht quer über die letzte Seite einen Strich. Sein Vater, Senator Thomas Buddenbrook, gibt seinem Sohn eine schallende Ohrfeige und fragt ihn empört: „Was ist das? Woher kommt das? Hast du das getan?" Hanno weicht erschrocken zurück und antwortet verängstigt: „Ich glaubte … ich glaubte … es käme nichts mehr."[30]
Gilt das auch für „meine" Kirche? Kommt nichts mehr? Ich kann und will mich damit nicht abfinden. Diejenigen, die leichtfertig verkünden, dass die Kirche überflüssig sei, da man zum Beten schließlich auch in den Wald gehen könne, haben mich noch nie beeindruckt. Im Wald kann es wohl schön sein. Aber wenn es ernst wird, reicht der Wald nicht aus. Wenn die Fundamente unseres Lebens erzittern, kommen wir mit bloßer Naturromantik und unserem modernen „Gewusst wie" nicht sehr weit. Wir brauchen Orte, die wir selbst nicht herstellen können. Wir brauchen Geschichten und Gebete, die wir uns selbst nicht ausdenken können. Wir brauchen

---

[30] Mann, Buddenbrooks. Sonderausgabe Sammlung Nobelpreis für Literatur (Zürich o.J.), 429f.

Lieder, die wir nicht selbst erst komponieren können. Wir brauchen Gedanken, die wir nicht uns selber sagen können. Wir brauchen Zeichen, die wir selbst nicht erst erfinden können. Und wir brauchen Hände, die nicht wir selbst uns geben können. Aber: Wo finden wir diese Orte, Geschichten, Gebete, Lieder, Gedanken, Zeichen und Hände? Und wo finden wir den Tisch, an dem wir uns versammeln, um das Leben miteinander zu teilen?

Vielleicht ist dieses „Vermissungswissen" (J. B. Metz) wichtig, um zu begreifen oder jedenfalls eine Ahnung davon zu bekommen, worauf es ankäme. Vielleicht fliegt uns die Kirche ja gerade um die Ohren, damit der darin verschüttete Glaube wieder auferstehen kann zu neuem Leben. Das Ende altvertrauter Kirchlichkeit wäre dann zugleich ein neuer Anfang, ein neuer „galiläischer Frühling" gleichsam, in dem die Sache Jesu noch einmal ganz von vorn begänne wie damals, als alles anfing am See von Genezareth – und doch eigentlich auch nur eine Fortsetzung der vielfach gebrochenen und immer wieder aufgenommenen Geschichte Gottes mit den Menschen war: „Als Jesus am See von Genezareth entlangging, sah er Simon und Andreas, den Bruder des Simon, die auf dem See ihre Netze auswarfen; sie waren nämlich Fischer. Da sagte er zu ihnen: Kommt her, mir nach! Ich werde euch zu Menschenfischern machen. Und sogleich ließen sie ihre Netze liegen und folgten ihm nach ..." (Mk 1,16-18).

Zu den Anfängen

Warum so weit zurück, ganz zu den Anfängen? Was finden wir dort – am Anfang? Dietrich Bonhoeffer hatte – angesichts der Katastrophe des Hitler-Faschismus – das Ende aller uns bekannten Kirchlichkeit eindringlich beschrieben: „Unsere Kirche, die in diesen Jahren nur um ihre Selbsterhaltung gekämpft hat, als wäre sie ein Selbstzweck, ist unfähig, Träger des versöhnenden und erlösenden Wortes für die Menschen und für die Welt zu sein. Darum müssen die früheren Worte kraftlos werden und verstummen … Bis du (d.i. der Neffe Dietrich Bonhoeffers, P.N.) groß bist, wird sich die Gestalt der Kirche sehr verändert haben. Die Umschmelzung ist noch nicht zu Ende, und jeder Versuch, ihr vorzeitig zu neuer organisatorischer Machtentfaltung zu verhelfen, wird nur eine Verzögerung ihrer Umkehr und Läuterung sein.“[31]

Folgen wir dieser von Bonhoeffer gelegten Spur, dann geht es nicht um dies oder das, so richtig und wichtig die klassische Reformagenda im Falle des organisierten Katholizismus auch ist. Ja, es stimmt: Der Pflichtzölibat ist ein Fehler, nicht zuletzt deswegen, weil er die Gnadengabe des freiwilligen Zölibats verdunkelt. Frauen muss der Zugang zum Priestertum geöffnet werden, lieber heute als morgen. Menschen haben immer eine zweite oder dritte Chance verdient, auch in der sakramentalen Ehe. Wir wollen keinen konfessionell halbierten, sondern einen ökumenisch verdoppelten Tisch. Wir brauchen demokratische Leitungsstrukturen in der Kirche, weil wir in einem demokratischen Zeitalter leben. Das heißt ja nicht, die Botschaft des Evangeliums zu relativieren, sondern im Gegenteil: sie in ihrer Plausibilität und Verbindlichkeit zu stärken.

Aber selbst wenn dies alles eines Tages Wirklichkeit werden würde (und im Raum des Protestantismus ja auch in weiten Teilen längst der Fall ist) wäre für eine Wiedergewinnung der Kirche als Nachfolgegemeinschaft

---

[31] Bonhoeffer, Widerstand und Ergebung, Briefe und Aufzeichnungen aus der Haft (Hg. Eberhard Bethge, 3. Auf. der Neuausgabe von 1970, München 1985), 328.

Jesu nicht viel gewonnen. Der „Anfang" im Sinne Bonhoeffers ist umfassender, radikaler, unerbittlicher. Und nur mit der gesammelten Autorität dieses von den Nazis ermordeten Glaubenszeugen ist er überhaupt zitierbar. Denn aus anderem Munde würde er ohne Federlesens als naiv, ja albern beiseite gewischt: „Die Kirche ist nur Kirche, wenn sie für andere da ist. Um einen Anfang zu machen, muss sie alles Eigentum den Notleidenden schenken. Die Pfarrer müssen ausschließlich von den freiwilligen Gaben der Gemeinden leben, evtl. einen weltlichen Beruf ausüben. Sie muss an den weltlichen Aufgaben des menschlichen Gemeinschaftslebens teilnehmen, nicht herrschend, sondern helfend und dienend. Sie muss den Menschen aller Berufe sagen, was ein Leben mit Christus ist, was es heißt, ‚für andere dazusein'. Speziell wird unsere Kirche den Lastern der Hybris, der Anbetung der Kraft und des Neides und des Illusionismus als den Wurzeln allen Übels entgegentreten müssen. Sie wird von Maß, Echtheit, Vertrauen, Treue, Stetigkeit, Geduld, Zucht, Demut, Genügsamkeit, Bescheidenheit sprechen müssen. Sie wird die Bedeutung des menschlichen ‚Vorbilds' (das in der Menschheit Jesu seinen Ursprung hat und bei Paulus so wichtig ist!) nicht unterschätzen dürfen; nicht durch Begriffe, sondern durch ‚Vorbild' bekommt ihr Wort Nachdruck und Kraft."[32]

Bonhoeffer weiß wohl, dass „das alles sehr roh und summarisch gesagt"[33] ist: „Aber es liegt mir daran, einmal den Versuch zu machen, einfach und klar gewisse Dinge auszusprechen, um die wir uns sonst gern herumdrücken. (...) Ich hoffe damit für die Zukunft der Kirche einen Dienst tun zu können."[34]

---

[32] Ebd., 415f.
[33] Ebd., 416.
[34] Ebd.

Das Wesensmerkmal der Kirche ist Bonhoeffer zufolge vor allem anderen eine bestimmte Praxis. Er nennt sie „Dasein für andere". Und er meint dies auf denkbar weltliche Art und Weise: teilnehmend am Arbeitsleben der Menschen, bescheiden, ja demütig, vertrauenswürdig und vorbildlich, materiell auf das Nötigste gesetzt und bereit und fähig, den Menschen Rechenschaft zu geben von ihrem Glauben an das Evangelium.

Das Christentum der Zukunft ist für Bonhoeffer von „tiefer Diesseitigkeit" bestimmt. Christen leben nicht in irgendeiner Sonderwelt, sondern gelten als „ganz zur Welt Zugehörige". Und wo steht die Kirche? Sie steht „mitten im Dorf ..."[35].

Und dann fährt Bonhoeffer mit einem folgenschweren Hinweis fort: „So ist es alttestamentlich und in diesem Sinne lesen wir das N.T. noch viel zu wenig vom Alten her."[36] Es lohnt sich, diesem Verweis auf die jüdische Tiefengeschichte von Christentum und Kirche zu folgen.

Gott – unbändig

Was bedeutet „Kirche" vom Alten (Ersten) Testament her? Die Frage klingt ungewöhnlich, ist sie aber nicht. Israel hat reichlich Erfahrung mit dem Scheitern etablierter „Kirchlichkeit": Seit dem zehnten vorchristlichen Jahrhundert versammelte sich das Volk der Juden im von König Salomo erbauten Tempel von Jerusalem, dem religiösen und zugleich nationalen Zentrum Israels. Vierhundert Jahre später (586 v.C.) kam es zur Katastrophe: Das babylonische Weltreich eroberte den Judenstaat und deportierte fast die gesamte Bevölkerung ins

---

[35] Ebd., 308.
[36] Ebd.

Exil. Das einst von Moses aus ägyptischer Knechtschaft ins Gelobte Land geführte Gottesvolk drohte wie ein Kreidestrich von der Tafel der Weltgeschichte hinweggewischt zu werden. Schon knapp eineinhalb Jahrhunderte zuvor (722 v.C.) hatte Israel mehr als die Hälfte seines Staatsgebiets an die Assyrer verloren und überhaupt stets im Schatten übermächtiger Weltmächte seinen Weg zwischen Fremd- und Selbstbestimmung gesucht. Aber so tief am Boden wie jetzt war es noch nie, ohne Trost, ohne Rat und ohne Hoffnung.

Und Gott? Gott schwieg, schwieg so unbarmherzig wie nie: „Es gibt kein Gesetz mehr ... verbrannt ist die Schrift ... (...) Es gibt keine Priester mehr ... alle raffte sie das Schwert ... (...) oh, Ende Israels, Ende Jerusalems ... (...) Gott ist gesunken mit seinem Tempel ...“[37]

Die „Kirchenkrise" Israels erreicht ihren Tiefpunkt dort, wo sie zur „Gotteskrise" eskaliert. Mit den zusammenbrechenden Strukturen organisierter Religion droht auch der Glaube an Gott selbst zu kollabieren. So sehr waren „Kirche" und Gottesglaube in all den Jahrhunderten in eins zusammengewachsen, dass mit dem einen nun auch das andere zu entschwinden droht.

Dagegen setzt Jeremia sein prophetisches Veto: Bei allem Stolz auf Israel und seine einstige Größe, bei aller Liebe zu Jerusalem, wo Gott selbst Wohnung genommen hatte wie an keinem anderen Ort im weiten Umkreis der Welt, bei aller Ehrfurcht vor dem nun in Schutt und Asche liegenden Tempel galt es eines doch festzuhalten gegen die kollektive Depression: Gott selbst war damit nicht erledigt! Mochte er im Pulverdampf des Weltgeschehens bis zur Unkenntlichkeit verdüstert sein, mochte die „Gottesfinsternis" auch undurchdringlich sein oder jedenfalls scheinen – für Jeremia steht

---

[37] Zweig, Jeremias (in: Tersites – Jeremias. Zwei Dramen, Frankfurt a.M. 1982), 304.

fest: Es ist immer „nur" unser Blick, der nichts mehr sieht, doch nicht Gott selbst, und also auch nicht unser Glaube: „Denn wer sind wir, wenn wir nicht gläubig sind? Nicht ward uns wie andern Völkern Scholle gegeben, daran zu kleben, Heimat, darin zu verharren, nicht die Rast, darin unser Herz fett werde! ... Gott ist unsere Heimat in der Zeit ... Lasset den andern ihr Glück und den Stolz, lasset ihnen Haus und Heimstatt der Erde ... So steh auf, du Volk, aus deiner Klage; wie einen Stab nimm deinen Glauben, und du wirst schreiten aus deinen Nöten ... Selig die Besiegten ... Selig, dass wir alles verlieren, um ihn zu finden ... verlorenes Volk, unsterblicher Geist!"[38]

Die Synagoge – Zelt in der Zeit

Nationaler Eigenständigkeit beraubt und religiös ohne Obdach, ist Israel ganz auf die Anfänge des Verstehens zurückgeworfen. Es beginnt eine neue Zeit in einer an Katastrophen und Neubeginn so überreichen Geschichte. An die Stelle des Tempels tritt die Synagoge. Sie reicht an die steinerne Wucht des imposanten Gotteshauses nie heran, will das auch gar nicht, sondern ist eher ein Provisorium, ein Zelt in der Zeit.

Theologisch entspricht die Synagoge damit jenem Gott aus der Wüste, der sich noch nie hat dingfest machen und domestizieren lassen. Schon Moses musste sich eine göttliche Abfuhr holen, als er allzu neugierig die Bitte vortrug, das Angesicht Gottes sehen zu dürfen: „Du kannst mein Angesicht nicht schauen; denn kein Mensch kann mich schauen und am Leben bleiben." (Ex 33,20) Eines nur sei möglich: Er solle sich in einen

---

[38] Ebd., 311f, 326.

Felsspalt stellen, bis Gott an ihm vorübergegangen sei und Moses seinen Rücken sehe könne. Denn – so noch einmal das Verdikt Gottes – „mein Angesicht kann niemand schauen" (Ex 33,21-23).

In der Synagoge versammelt sich die Glaubensgemeinde, um zu lesen, zu lernen und zu beten. Die Achse, um die sich hier alles dreht, ist das Wort Gottes, die Thora. Sie ist die uns zugewandte, vernehmbare Seite Gottes. Sie allein ist Israels Heimat im Exil, ihr „portatives Vaterland", wie Heinrich Heine präzise formulierte.[39]

Das synagogale Gottesvolk ist nun wieder, was es ganz am Anfang schon einmal war und quer durch die Geschichte im Grunde immer bleiben wird: wieder und wieder vertriebenes, in die Enge getriebenes, später ausgerechnet von seinen jüngeren christlichen Geschwistern verachtetes, gedemütigtes und schmählich im Stich gelassenes, von Vernichtung bedrohtes Gottesvolk, jüngst während des beispiellosen und jede Vorstellungskraft übersteigenden Furors von Hass und Gewalt Nazi-Deutschlands beinah zur Gänze ausgelöscht, nirgends ganz daheim, immer wieder auf Anfang gesetzt – und das alles im Bund mit seinem Gott, ohne seinen Gott, ja gegen seinen Gott: „Warum willst du uns für immer vergessen, uns verlassen fürs ganze Leben?" (Klgl 5, 20), fragt Jeremia im babylonischen Exil des 6. vorchristlichen Jahrhunderts.

Zweieinhalbtausend Jahre später singt der 1877 in Krakau geborene und am 4. Juni 1942 von den Nazis ermordete Vater des jiddischen Liedes, Mordechai Gebirtig:

---

[39] Heine, ebd., 511.

Vergebens unser Beten
es erreicht nicht Gottes Zelt
der Himmel verschlossen
wie das Herz der Welt.
Es kommen Zweifel auf
enthüllen das Geheimnis:
es gibt keine Gerechtigkeit
es gibt keinen Gott.[40]

Jesus – kurz und bündig

Jeschua ben Joseph aus Nazareth ist ein Kind der synagogalen Tradition. Nach Ausweis der Evangelien ist er ständig unterwegs, zumeist an der Peripherie. Nur am Ende seines Lebens geht er ins Zentrum, nach Jerusalem, und besucht dort auch den zweiten (nach der Rückkehr aus dem babylonischen Exil um 515 v.C. errichteten und von den Römern 70 n.C. zerstörten) Tempel, wo er sich sogleich eine Menge Ärger einhandelt.

Seine Kernbotschaft – seine „Theologie" – umfasst gerade einmal zwei Sätze: „Die Zeit ist erfüllt, das Reich Gottes ist nahe. Kehrt um und glaubt an das Evangelium." (Mk 1,14) Seine „theologische Ethik" ist ebenfalls kurz und bündig: „Höre, Israel, der Herr, unser Gott, ist der einzige Herr. Darum sollst du den Herrn, deinen Gott, lieben mit ganzem Herzen und ganzer Seele, mit deinem ganzen Denken und mit deiner ganzen Kraft. Als zweites kommt hinzu: Du sollst deinen Nächsten lieben wie dich selbst. Kein anderes Gebot ist größer als diese beiden." (Mk 12,28-31) Wenn es hart auf hart kommt,

---

[40] Die Geschichte Gebirtigs und seiner Zeit erzählt auf beeindruckende Weise Uwe von Seltmann, Es brennt! Mordechai Gebirtig – Vater des Jiddischen Liedes, Erlangen 2018.

kann diese Richtschnur auch den Strick bedeuten: „Wenn einer hinter mir hergehen will, verleugne er sich selbst, nehme sein Kreuz auf sich und folge mir nach." (Mk 8,34) Das Programm Jesu ist elementar. Es ist klar und verständlich und bedarf keiner Interpretation. Es bedarf einzig einer Entscheidung: Gehe ich mit – Ja oder Nein? Alles andere ist uninteressant.

Jesus bewegt sich im öffentlichen Raum, in Städten und Dörfern, auf Plätzen und in der freien Natur, unter Freunden und Neugierigen und immer wieder in den Synagogen des Landes. Er erläutert seine Botschaft und tut, wovon er spricht. Zu ihm gehören die, die den Willen Gottes tun (vgl. Mk 3,35). Er sucht sich Weggefährtinnen und Weggefährten, deren einzige Qualifikation darin besteht, dass sie es fertigbringen, alles im Stich zu lassen, was ihr Leben bis zur Begegnung mit ihm ausmachte. Dort, wo man ihnen zuhört, bleiben sie für eine Weile, dort, wo man sie nicht haben will, schütteln sie den Staub von den Füßen und ziehen weiter. Unterwegs kehren sie immer mal wieder im Haus einer Zufallsbekanntschaft ein, um zu essen und zu trinken. Der Ruf der jeweiligen Gastgeber spielt dabei keine Rolle. Jesus stellt keine Bedingungen.

Mit Wanderstab und Sandalen

Jesus gründet kein Unternehmen, schafft keine Organisationsstrukturen und hat keinen Businessplan. Er schert sich nicht um Strategie und Marketing. Sein Organigramm sieht einzig 12 Leute vor, die das ganze ursprünglich aus 12 Stämmen bestehende Volk Israel symbolisch abbilden. Diese Zwölf zeichnen sich vor allem durch das aus, was sie beiseitelegen sollen, wenn sie sich in seiner Spur – der Verkündigung des nahenden Gottesreiches – bewegen wollen: „Er rief die Zwölf zu sich und sandte sie aus, jeweils zwei zusammen. Er (...) gebot ihnen, außer einem Wanderstab nichts auf den Weg mitzunehmen, kein Brot, keine Vorratstasche, kein Geld im Gürtel, kein zweites Hemd und an den Füßen nur Sandalen." (Mk 6,6-9)

Damit haben wir die Kennzeichen der Kirche – die „notae ecclesiae" – der jesuanischen Erzähl- und Nachfolgegemeinschaft beieinander: Die „Kirche" Jesu ist arm. Privateigentum geht gar nicht; wenn überhaupt, dann besitzt die Gemeinde höchstens gemeinsam das, was sie zum Leben nötig hat. Reichtum steht dem Heil im Weg: „Wie schwer ist es für Menschen, die viel besitzen, in das Reich Gottes zu kommen!" (Mk 10,23) Hierarchien sind Jesus regelrecht zuwider: „Wer der Erste sein will, soll der Letzte von allen und der Diener aller sein." (Mk 9,35) Ihr Proviant ist Brot und Wein. Und ihre einzige „Bestandsgarantie" ist der Heilige Geist: „Ihr werdet Kraft empfangen, wenn der Heilige Geist auf euch herabkommen wird; und ihr werdet meine Zeugen sein in Jerusalem und in ganz Judäa und Samarien und bis an die Grenzen der Erde." (Apg 1,8)

Mit der Jesusbewegung ist es also wie immer im biblischen Israel: Mit nichts als dem Wort Gottes im Ohr und dem Reich Gottes vor Augen pilgert die Jesusgemeinschaft durch die Zeit – und scheitert am Ende jämmerlich: Statt des Gottesreiches erhebt sich über Jerusalem ein Kreuz mehr. Statt eines neuen Königs gibt es noch einen Unterlegenen systematisierter Gewalt und Unterdrückung mehr. Statt eines erneuerten Gottesvolkes trauern ein paar Getreue mehr. Die Enttäuschung ist riesig, die Angst nicht minder, und obendrein kein Gott, nirgends. Und wieder – wie schon zu jeremianischer Zeit – ergeht ein Einspruch von der gegenüberliegenden

Seite menschlicher Möglichkeiten: „Erschreckt nicht! Ihr sucht Jesus von Nazareth, den Gekreuzigten. Er ist auferstanden; er ist nicht hier. Seht, da ist die Stelle, wohin man ihn gelegt hat. Nun aber geht und sagt seinen Jüngern und dem Petrus: Er geht euch voraus nach Galiläa ...“ (Mk 16,6f) – dorthin, wo alles seinen Anfang nahm ...

Konzentration

Der Beginn einer religiösen Erneuerung beginnt offenbar immer mit einer radikalen Entäußerung, einer institutionellen Hungerkur gleichsam, die allen Ballast abwerfen muss, um wieder klar denken und entschlossen handeln zu können. Wenn das Herz fett ist und der Bauch voll, fällt der Aufbruch umso schwerer und man kommt nicht in Gang.

Das war auch später immer wieder so, etwa in der mittelalterlichen Armutsbewegung. Franz von Assisi beispielsweise war kein Kind von Traurigkeit. Doch er warf seinem Vater die Klamotten vor die Füße, um sich ganz auf das konzentrieren zu können, was ihn unbedingt anging.

Auch die Geschichte der Reformation lässt sich in ihren Ursprüngen als radikale Konzentration lesen, als Befreiung des Glaubens aus dem „stählernen Gehäuse“ (Max Weber) von Dogma, Tradition und Institution zur Freiheit eines Christenmenschen allein durch Gott, allein aus Gnade, allein im Glauben.

Nicht immer ist eine solche Konzentration die Folge freier Entscheidung. Manchmal lassen auch die Zeitumstände keine andere Wahl. So berichtet der im zerstörten Nachkriegs-Hamburg aufgewachsene Dominikanerpater Tiemo R. Peters: „Für mich, der ich in einer Notkirche, konkret in einer Turnhalle, zu ministrieren begonnen hatte, ist Kirche immer eine Noteinrichtung gewesen. Danach eine Baustelle und schließlich ein Aufbauprojekt mit Zukunftsvermerk. Nicht einmal Ansätze einer sich selbst genießenden und sich um sich selbst drehenden Volkskirche sind mir vermittelt worden. Sie wären im kriegszerstörten Hamburg ja auch ziemlich deplatziert gewesen."[41]

Ein Tisch genügt

Nach diesem Durchgang durch die Geschichte Israels bis hin zu Jesus von Nazareth sehe ich klarer, was nottut und hilft, um meiner persönlichen Kirchengeschichte treu zu bleiben. Ich will mich von der fortschreitenden Kirchenschmelze nicht wegspülen lassen. Ich werde sie nicht aufhalten können. Sie muss mich aber auch nicht davon abhalten, mein Leben gemeinsam mit anderen in der Spur Jesu zu leben. Ich kann und will nicht warten, bis die kirchlichen „Rahmenbedingungen" stimmen. Wie sagte meine Freundin Gela: *Du musst es JETZT tun!* Nichts steht zwischen mir und einem neuen Anfang – schon gar nicht eine Kirche, die partout nicht hören will.
Ob ich die Netze liegen lasse am Ufer des Gewohnten wie die Fischer zu Beginn der Jesusbewegung, hängt allein von mir ab. Ob ich mich auf den Weg in die Nachfolge Jesu begebe, hängt allein von mir ab. Dazu braucht es nichts als meine eigene Bereitschaft und Zustimmung: „Man muss alle Dinge so einfach wie möglich machen." (Albert Einstein)
Und was wäre „einfacher" als ein Tisch? Ich erinnere mich gut an die Worte des Paderborner Theologen

---

[41] Peters (zus. mit Neuhaus), Glauben ohne Geländer. Ein Gespräch am Rande des Lebens (Leipzig 2019), 23.

Peter Eicher, gesprochen im Rahmen eines Vortrags an der katholischen Hochschulgemeinde Siegen 1994 unter dem Titel „Kirchenvergiftung": „In der Mitte des Christentums steht ein Tisch. Nichts als ein Tisch." Dieser Satz, so schlicht wie ein Stück unbehandeltes Holz, ist seither mit mir gegangen. Und je länger ich über ihn nachdenke, desto wegweisender wird er.

Der Tisch ist eine universale Metapher, die tief in unserem Selbstverständnis verankert ist und das soziale Miteinander bestimmt. Etwas kommt auf den Tisch, fällt unter den Tisch, wird am grünen Tisch entschieden, wir setzen uns an einen Tisch, lassen uns über den Tisch ziehen, bringen an einen Tisch, legen die Karten auf den Tisch, hauen auf den Tisch, bitten zu Tisch ...

Nichts zeichnet uns als soziale Wesen sinnfälliger aus als der Tisch, um den wir uns versammeln, um zu essen, zu feiern, uns zu erinnern, zu versöhnen und miteinander die guten Gaben der Schöpfung zu teilen und zu genießen. Die intensivsten Momente im Leben meiner Familie sind diejenigen, in denen wir uns an einem Tisch miteinander verbinden, um uns zu erzählen von dem, was uns bewegt, um einander unsere Zuneigung zu vergewissern, um zu streiten und immer wieder zu lernen, den anderen in seiner bzw. ihrer Andersartigkeit anzuerkennen und zu respektieren. Jeder unserer Familienurlaube schließt mit einem Abendessen, bei dem wir teilen, was wir gemeinsam erlebt haben, und uns ermutigen, gestärkt nach Hause zurückzukehren zu unseren kleinen Arbeiten an der großen Welt. Wie oft haben wir traurige Momente und schmerzhafte Verluste überwunden, indem wir gemeinsam gegessen und getrunken und geweint und irgendwann auch wieder gelacht und uns des Lebens gefreut haben, eines Lebens, das nicht ohne Narben bleibt, aber das zu leben lohnt und jedes Dankes wert ist.

Auch in meinen persönlichen Kirchengeschichten spielt der Tisch, das Mahl bei Brot und Wein, eine zentrale Rolle: bei ungezählten Gottesdiensten, liturgischen Nächten und Gemeindefesten. Als die Mutter von Peter Kliegel aus Altersgründen ihren Hausstand im hessischen Dillenburg auflösen musste, bot Peter uns den alten, schweren Küchentisch zum Geschenk an, an dem er und seine Geschwister aufgewachsen waren. Ein schöneres Geschenk hätte er nicht machen können.

Jeder Mensch wird – so ist zu hoffen! – solche oder ähnliche Tischgeschichten erzählen können, in denen vom Essen und vom Trinken und von menschlicher Gemeinschaft die Rede ist. Der mediale Hype um Spitzenköche und Kochshows im Fernsehen ist vielleicht nur der blasse Abguss einer Sehnsucht nach echter Tischgemeinschaft in einer überdrehten *To go* - Gesellschaft, die sich gemeinsame Mahl-Zeiten gar nicht mehr leistet, und wenn doch, dann nichts mehr mit ihnen anzufangen weiß, wie nebeneinander sitzende und am Handy daddelnde Familienmitglieder in Urlaubsrestaurants zu erkennen geben.

Kein Wunder, dass auch die biblischen Schriften voller Geschichten sind, in denen Menschen bei Brot und Wein zusammenfinden, um das Leben zu teilen. Das letzte Abendmahl und das Brotbrechen in Emmaus stehen in einer langen Tradition, die bis in die ersten Anfänge der Geschichte des Volkes Israel zurückreicht. Immer dreht sich dabei etwas zum Guten, zur Zukunft hin, wenn sich Menschen unter dem Himmel Gottes zu Tisch setzen, angefangen beim Besuch der drei Engel bei Abraham und Sara. Das Tischgespräch hatte es in sich: Die Engel teilten dem alten Patriarchen mit, dass seine Frau ein Kind bekommen werde. Das entlockt Sara ein mildes Lächeln, waren sie und Abraham doch längst über die Zeit, was Nachkommenschaft betraf. Doch es dauerte nicht lange, und Sara wurde tatsächlich Mutter. Diesmal lachte sie vor Freude, nämlich über die Geburt ihres Sohnes Isaak.

Auch in anderen Lebensbereichen ist der Tisch von zentraler Bedeutung, etwa im politischen Leben: Runde Tische, Festbanketts, der imposante Runde Tisch der Vereinten Nationen in New York, an dem sich die Völker dieser Welt versammeln, um über ihr Wohl und Wehe zu befinden.

Kurz: Im Kleinen wie im Großen ist der Tisch derjenige Ort, an dem Menschen von jeher zusammenkommen, um sich miteinander zu verständigen, reinen Tisch zu machen, Gemeinschaft zu finden und notfalls auch, um sich davon abzuhalten, aufeinander einzudreschen. Der Tisch ist das wirksamste Mittel gegen den Krieg. Denn was immer auch geschieht: Solange man miteinander isst und trinkt, behält das Leben seine Chance.

Nicht von ungefähr stellt sich das Neue (Zweite) Testament das verheißene Friedensreich Gottes als ein himmlisches Gastmahl vor (vgl. Lk 14,15-24). Die Kirche als Zeichen und Werkzeug dieses Gottesreiches ist folglich vor allem anderen dies: universale Tischgemeinschaft. Peter Eicher erinnert daran mit dem schlichten Satz: Im Zentrum des Christentums steht ein Tisch. Nichts als ein Tisch. In Zeiten der Kirchenschmelze und der Sehnsucht nach einem neuen galiläischen Frühling wird der Tisch je länger je mehr zu einer Menschheitsmetapher des Mutes und der Hoffnung. Denn er markiert den Ort, an dem Christsein in Gemeinschaft auch heute und morgen möglich ist und bleibt. Es ist zweitrangig, wo dieser Tisch steht. Er muss nicht in einer Kirche stehen, aber er kann in einer Kirche stehen. Der Tisch ist keine Kampfmetapher, sondern ein Angebot, eine Möglichkeit.[42]

---

[42] Vgl. dazu und zum folgenden Text aus heil- und religonspädagogischer Sicht: Pithan/Wuckelt (Hg.), Miteinander am Tisch. Tische als Ort sozialer Utopien (Münster 2019).

Nichts hält uns ab …

Nichts hält uns davon ab, einen Tisch aufzustellen.
Nichts hält uns davon ab,
diesen Tisch zu decken mit dem,
was wir zum Leben nötig haben.
Nichts hält uns davon ab,
an diesem Tisch Platz zu nehmen.
Nichts hält uns davon ab, uns die Hände zu reichen.
Nichts hält uns davon ab,
das Brot miteinander zu teilen.
Nichts hält uns davon ab,
den Wein miteinander zu trinken.
Nichts hält uns davon ab, die Lieder zu singen,
die wir von unseren Müttern und Vätern geerbt haben
und an unsere Kinder weiterreichen wollen.
Nichts hält uns davon ab,
die uralten Geschichten zu lesen
und gemeinsam daraus Orientierung
und Lebensmut zu schöpfen
wie frisches Wasser aus einem tiefen Brunnen.
Nichts hält uns davon ab, die Gebete zu sprechen,
die uns von Kindheit an vertraut sind:
„Vater unser im Himmel …"
Nichts hält uns davon ab,
freimütig zu unserer Unvollkommenheit,
unserer Schuld und unserer Zaghaftigkeit zu stehen
und uns des Verständnisses, der Nachsicht, Fürsorge
und Liebe der Tischgemeinschaft
und ihrer verborgen präsenten Mitte zu vergewissern,
die uns aufrichtet und die uns hilft zu leben.
Nichts schließlich hält uns davon ab,
uns den Frieden zu wünschen, den Frieden,
der immer und heute wieder mehr denn je
in Gefahr ist.

Wenn Kirche einfach passiert – und gelingt

Auch dieses schmale Büchlein ist nur ein Buch und nicht das Leben selbst. Es wäre vergebens, wenn sein Autor und die, die es mit einiger Zustimmung zur Kenntnis nehmen, nicht selbst hinüberwechseln würden vom Räsonnement zum Handeln. „Machen, nicht schwätzen!" heißt es da, wo ich lebe.

Was heißt „machen"? Zum Beispiel dies: Am 15. Juni 2019 fand in der St. Martinus Kirche in Olpe ein Gottesdienst statt. Anlass dazu hatte eine rechtsextreme Gruppierung gegeben, die mit einem martialischen Veranstaltungsaufruf für Unbehagen, ja für Empörung sorgte und das Bedürfnis der Stadtgesellschaft weckte, sich abzugrenzen, ohne der Gruppierung unnötig Aufmerksamkeit zuzuführen, die sie lediglich für ihre Zwecke hätte missbrauchen können.

Die Bürgerschaft rückte zusammen. Der Kunstkurs des städtischen Gymnasiums gestaltete ein Plakat, auf dem eine große Zahl bunter Hände zu sehen ist. Das Plakat trug die Überschrift „Olpe ohne Nazis – wir machen mit". Die Geschäftsleute der Stadt hängten das Plakat gut sichtbar in ihre Schaufenster. Der Pfarrer der Gemeinde stellte die Kirche zur Verfügung. Eine spontan gebildete Gruppe von Christinnen und Christen bereitete den Gottesdienst vor. Zur musikalischen Gestaltung fand sich ein Trio zusammen. Es gab keinerlei öffentliche Werbung für die Gebetsstunde, lediglich Mund-zu-Mund-Propaganda, Mails oder Whatsapp-Hinweise an Bekannte. Umso erstaunter, ja überwältigt waren die Veranstaltenden, dass sich an diesem Samstagmorgen um zehn Uhr statt der erwarteten zwanzig über zweihundert Personen versammelten. Den sonst zu Gebetsstunden zuweilen bemerkbaren „Silbersee" suchte man vergebens: Junge und Alte waren zugegen in einer selten erfahrbaren Mischung.

Von Anfang an lag ein guter Geist über dieser Gemeindeversammlung, getragen von dem Wunsch nach Frieden und dem festen Entschluss, gemeinsam denjenigen zu widerstehen, die die Axt an die Wurzel unserer offenen, toleranten und an Kulturen und Religionen so reichen Gesellschaft legen wollen. Es war der Geist des Pfingstfestes, an den ein Mitglied der Vorbereitungsgruppe erinnerte: An Pfingsten, das die Gemeinde eine Woche vor diesem Samstag gefeiert hatte, sei der Entschluss zu dem jetzigen Gottesdienst gefallen.

Die Gebetsstunde ging ihren Gang. Wir beteten, sangen, hörten vertraute und neue Texte, vorgetragen aus der Gemeinde für die Gemeinde. Einer aus der Vorbereitungsgruppe leitete durch die Liturgie. Der Pfarrer war Teil der Gemeinde. Zu den Fürbitten, die frei gesprochen wurden, fanden sich trotz der großen Zahl der Anwesenden mit Leichtigkeit Menschen, die bittend aussprachen, was alle bewegte. Zum Vaterunser reichten wir uns die Hände. Am Schluss wurden die Betenden eingeladen, am Altar eine Kerze für Frieden und Versöhnung anzuzünden. Der Altarraum war binnen kurzem von Kerzen übersät, die wie flackernde Glühwürmchen den Chorraum der Kirche noch heller machten, als er ohnehin schon ist.

So weit so unspektakulär – und doch aller Zukunft wert: Niemanden interessierte, wer hier Priester und wer „Laie" war. Frauen und Männer waren selbstverständlich gleichberechtigte Träger und Trägerinnen des liturgischen Spiels. Der Altarraum war nicht für irgendeine heilige Herrschaft reserviert. Auch Nichtkatholiken, ja Nicht-Christen waren geladen und wurden willkommen geheißen. Alles, worüber wir uns seit Jahrhunderten die Köpfe einschlagen und die Herzen zerreißen, trat zurück hinter dem einen und einzigen, das von Bedeutung ist: die gemeinschaftliche Verkündigung des Reiches Gottes in einer Zeit höchster Gefahr. Verbunden im Geist einer solchen Humanität passiert Kirche einfach – und gelingt.

Zum letzten Mahl

Nach dem Gottesdienst gingen meine Frau und ich zu einer Gedenktafel wenige Meter von St. Martinus entfernt. Sie erinnert an die jüdische Familie Lenneberg, die bis 1938 ein großes Kaufhaus in ihrer Heimatstadt betrieb, dann aber unter dem Terror des NS-Regimes aus Deutschland fliehen musste. Die Großmutter meiner Frau arbeitete dort als Hauswirtschafterin, ihr Sohn Eduard – mein Schwiegervater – war mit Hannah, der Tochter der Lennebergs, gut befreundet. Hannah starb 2007 in New York. Einige Jahre nach ihrem Tod, 2012, besuchten meine Frau und ich ihren Mann Jack. Auch er musste vor dem mörderischen Antisemitismus der Nazis aus seiner Heimatstadt Wien fliehen. Das gelang ihm, dem gerade Sechzehnjährigen, mit einem der letzten sogenannten Kindertransporte. Über England und Kanada gelangte er nach New York, wo er die Olperin Hannah kennenlernte und heiratete.

Wir streunten also durch New York, hörten Mahlers Achte Symphonie in der Avery Fischer Hall und redeten bis tief in die Nacht über Wien, Olpe, Deutschland und unsere Familien und Freunde. Zum Abschied setzten wir uns in der Nähe der Central Station zu Tisch, aßen und tranken gemeinsam zu Mittag und redeten und redeten, randvoll mit dem Glück unserer Begegnung. Es war unser letztes Mahl. Kurz nach seinem 90. Geburtstag starb Jack. Ich hoffe, er ist auf seiner Leiter gut ans Ziel gelangt ...

Nachwort von Friedhelm Rüsche

Ich war in meinem Leben nur ein einziges Mal in Israel, aber dafür fünf Wochen lang, vom 1. März bis zum 5. April 1986.

Nach dem Ende des 3. Semesters in Theologie fuhren wir vom Paderborner Leokonvikt aus für 14 Tage ins Heilige Land. Einige aus unserem Kurs, dazu gehörte auch ich, sind danach noch drei Wochen länger geblieben.

Unser Israelbesuch begann in Galiläa, wo ja auch das Leben und Wirken Jesu seinen Anfang nahm. Wir kamen aus Deutschland. Der Winter 1985/86 war sehr streng gewesen und auch im Februar herrschte noch an vielen Tagen der Dauerfrost. Von daher war der angebrochene Frühling in Galiläa für uns eine Wohltat. Wir kamen aus der Kälte und erlebten Wärme und Blütenpracht.

Nach dem weiteren Reiseverlauf durch das Golangebirge, am Jordan entlang, über Jericho, Jerusalem, Bethlehem bis zum Toten Meer verabschiedeten wir uns von der Mehrheit des Kurses, die wieder nach Hause fuhr. Als kleinere Gruppe besuchten wir noch Eilat am Golf von Akaba, das Katharinenkloster auf der Sinai-Halbinsel, erlebten die Karwoche in Jerusalem und kamen danach noch einmal nach Galiläa. Es war wiederum eine Wohltat, aus der trockenen Wüste in die Frühlingsblüte zu kommen und aus der lauten Stadt Jerusalem in die Stille einer ländlichen Region. Außerdem war die Osteroktav. In der täglichen Frühmesse in der Brotvermehrungskirche hörten wir die Evangelien von der Erscheinung des Auferstandenen bei seinen manchmal seltsamen Jüngern und dachten an die holprigen Anfänge der Kirche in der Folge des ersten Ostertages.

Peter Neuhaus beschreibt in seinem biografischen Buch seine zweifache Sehnsucht nach einem galiläischen Frühling. Wie bei uns im Jahr 1986 ist diese Sehnsucht einmal gespeist aus der Erfahrung der Kälte und einmal aus der Erfahrung der Trockenheit.

Viele Menschen in Deutschland erleben die katholische Kirche als einen Ort der Kälte, der Starre und der Unbeweglichkeit. Frost und Frust liegen nahe beieinander. Die Diskrepanz zwischen kirchlicher Lehre und gelebter Wirklichkeit wächst immer weiter an. Die Kirche ist daran nicht unschuldig. Im Brevier kann jeder Priester und jeder Bischof nachlesen, dass nach Gregor von Nyssa die kirchliche Lehre die Muttermilch der Gläubigen ist.[43] Die Muttermilch ist das ideale Grundnahrungsmittel in den ersten Lebensmonaten. Irgendwann aber will das Kind Beikost haben und später nur noch Nahrung, die nicht von der Mutter selbst kommt und dennoch aus der Schöpfung ist. Mutter Kirche aber liebt es, zu stillen, ins Schweigen zu führen, zu verhüllen und vor den Einwirkungen und Einflüssen von außen zu schützen. Das ist oftmals fatal. Das Beharren auf der „Lehre der Kirche", unabhängig von Entwicklungen und Erkenntnissen aus dem Fortgang der Zeit ist die Quelle jener Probleme, auf die die Reformkatholiken seit Jahrzehnten aufmerksam machen und zu denen zuletzt noch die systemischen Bedingungen des Missbrauchsskandals zu rechnen sind. Damit hängen auch die nach wie vor starken Vorbehalte der Kirche gegen die moralische Autonomie und die personale Selbstbestimmung des Menschen sowie gegen demokratische Strukturen und ergebnisoffene Prozesse zusammen. Ein galiläischer Frühling würde hier bedeuten: Unglückliche Stringenzen

---

[43] Lektionar zum Stundenbuch, Heft 3 Osterzeit, Jahresreihe 1, Freiburg 1978, 141.

aufzubrechen[44], die Wirklichkeit über die Idee zu stellen[45] und darauf zu vertrauen: „Die Gesamtheit der Gläubigen, welche die Salbung von dem Heiligen haben, kann im Glauben nicht irren."[46]

Allerdings haben die evangelischen Kirchen das alles schon getan und müssen dennoch ebenso eine „Kirchenschmelze" feststellen. Von daher hat Peter Neuhaus seine galiläische Frühlingssehnsucht nicht nur in der Kirchenkälte, sondern auch in der Welttrockenheit empfunden. Seine zweite Sehnsucht richtet sich nicht auf einen besonderen Zustand der Kirche, sondern auf eine Verortung des Religiösen. Sein Ort, die Benediktinerabtei Gerleve, ist ein Rastplatz. Liudger, der erste Bischof von Münster, wanderte am 25. März 809 ein letztes Mal von Coesfeld nach Billerbeck. Auf der Höhe des heutigen Klosters legte der Wanderer eine Pause ein („Ludgerirast") und segnete von dieser Stelle aus das gesamte Münsterland. In Billerbeck starb er in der Nacht auf den 26. März 809. Es war also eine Rast auf dem Weg nach dem ewigen Zuhause.

Ein galiläischer Frühling aus dem Empfinden von Trockenheit und Hektik in der Zeit bedeutet also: Die Kirche muss ihre Bedeutung in der Welt viel stärker herausstellen „sub specie aeternitatis", indem sie das Unvergängliche im Vergänglichen ansichtig macht, zum Beispiel durch die Schönheit liturgischer Feier und die Aufrichtigkeit beim Segen. Dann kommt nämlich jene „Heiligkeit der Kirche" zum Vorschein, die bei Gertrud von le Fort sagt: „Ich war die Sehnsucht aller Zeiten … Ich bin

---

[44] Ein gelungenes Beispiel ist die Fußnote 351 in der Enzyklika Amoris Laetitia von Papst Franziskus, 2016.
[45] Vgl. Papst Franziskus, Enzyklika Evangelii Gaudium, 2013, Nr. 231-233.
[46] Lumen gentium Nr. 12.

die Straße aller ihrer Straßen: auf mir ziehen die Jahrtausende zu Gott!"[47]

Nach dem 4. Semester in Theologie und mit dem Vor-Diplom in der Tasche, begann ich im Herbst 1986 meine beiden Freisemester in Fribourg in der Schweiz. Dem Dominikanerpater Johannes Brantschen, Professor für Dogmatik, bin ich heute noch für seine Vorlesungen dankbar. Bei ihm habe ich gelernt und erstmals verstanden: „Der Himmel muss auf Erden anfangen. (…) Gott will im Himmel vollenden, was auf Erden beginnen muss. (…) Wenn wir einander das Glück gönnen, einander im Leiden trösten, gerecht, aufmerksam und sorgfältig miteinander umgehen, Liebe und Treue wagen und Frieden machen, beginnt das Reich Gottes mitten unter uns Gestalt anzunehmen."[48]

Immer, wenn nur etwas davon sich ereignen kann, ob innerhalb oder außerhalb der Kirche, bricht von Neuem der galiläische Frühling an. Auch im Winter, denn der Winter 1986/87 war ebenfalls sehr streng, auch in der Schweiz, mit Dauerfrost im Februar.

Hilchenbach, im Dezember 2019
Friedhelm Rüsche
Pfarrer der „Wahlheimat-Gemeinde"
von Peter Neuhaus

---

[47] Gertrud von le Fort, Hymnen an die Kirche, München 1961, 23.
[48] Johannes B. Brantschen, Gott ist anders – Theologische Versuche und Besinnungen, Luzern 2005, 161f.

Literatur/Quellen

A. Printmedien

Augé, Marc: *Nicht-Orte.* 4. Aufl. der dt. Übersetzung, München 2014.

Barth, Karl: *Einführung in die evangelische Theologie.* 3. Aufl., Zürich 1985.

Boff, Leonardo: *Gott kommt früher als der Missionar. Neuevangelisierung für eine Kultur des Lebens und der Freiheit.* Düsseldorf 1991.

Ders.: *Kirche: Charisma und Macht.* 2. Aufl., Düsseldorf 1985.

Bonhoeffer, Dietrich: *Widerstand und Ergebung. Briefe und Aufzeichnungen aus der Haft.* Hg. v. Eberhard Bethge, 3. Aufl. der Neuausgabe von 1970, München 1985.

Calmbach, Marc / Flaig, Berthold Bodo / Möller-Slawinski, Heide: *Kirchenmitglied bleiben? Ergebnisse einer repräsentativen Befragung des Sinus-Instituts unter Deutschlands Katholiken.* Hg.: MDG Medien- und Dienstleistungsgesellschaft, München 2018.

Cardenal, Ernesto: *Das Evangelium der Bauern von Solentiname.* Wuppertal 1980.

Drewermann, Eugen: *Ich steige hinab in die Barke der Sonne. Meditationen zu Tod und Auferstehung.* 5. Aufl., Olten 1992.

Ders.: *Kleriker. Psychogramm eines Ideals.* 6. Aufl., Olten 1990.

Eicher, Peter (Hg.): *Der Klerikerstreit. Die Auseinandersetzung um Eugen Drewermann*, München 1990.

Gaillot, Jacques: *Eine Kirche, die nicht dient, dient zu nichts.* Freiburg i.Br. 1990.

Ders.: *Ihr seid das Volk. Brief an meine Freunde in der Wüste*. Freiburg i.Br. 1995.

Ders.: *Was für mich zählt, ist der Mensch*. Freiburg i.Br. 1990.

Gutierrez, Gustavo: *Theologie der Befreiung*. München 1973.

Hasenhüttl, Gotthold: *Aussperrung zerstört die Kirche*. In: Eicher (Hg.), *Der Klerikerstreit*, 55-60.

Ders.: *Ökumenische Gastfreundschaft. Ein Tabu wird gebrochen*. Stuttgart 2006.

Halbfas, Hubertus: *Die Zukunft unserer Kirchengebäude. Problemlage und Lösungswege*. Düsseldorf 2019.

Heine, Heinrich, *Werke 1-4*, Frankfurt a.M. 1968.

Janßen, Hans-Gerd / Prinz, Julia D.E. / Rainer, Michael J. (Hg*.): Theologie in gefährdeter Zeit. Stichworte von nahen und fernen Weggefährten für Johann Baptist Metz zum 90. Geburtstag*. Berlin 2018.

Konersmann, Ralf: *Die Unruhe der Welt*. Frankfurt a.M. 2015.

Ders.: *Wörterbuch der Unruhe*. Frankfurt a.M. 2017.

Mann, Thomas: *Buddenbrooks*. Sonderausgabe Sammlung Nobelpreis für Literatur Zürich o.J.

Metz, Johann Baptist: *Glaube in Geschichte und Gesellschaft. Studien zu einer praktischen Fundamentaltheologie*. 4. Aufl., Mainz 1984.

Neuhaus, Peter: *Erinnerung als Brückenkategorie. Anstöße zur Vermittlung zwischen der Politischen Theologie von Johann Baptist Metz und der Tiefenpsychologischen Theologie von Eugen Drewermann*. Münster 2001.

Nietzsche, Friedrich: Werke II. Hg.: Karl Schlechta, Frankfurt a.M. / Berlin / Wien 1984.

Pauly, Wolfgang: *Gotthold Hasenhüttl. Theologie und Kirche im Konflikt*. Darmstadt 2015.

Peters, Tiemo R.: *Die Präsenz des Politischen in der Theologie Dietrich Bonhoeffers.* München 1976.

Ders.: *Entleerte Geheimnisse. Die Kostbarkeit des christlichen Glaubens.* Ostfildern 2017

Ders./Neuhaus, Peter: *Glauben ohne Geländer. Ein Gespräch am Rande des Lebens.* Leipzig 2019.

Ders.: *Gottespassion. Zur Ordensexistenz heute.* Freiburg i.Br. 1991.

Ders.: *Gott ist ein Zeitwort. Weltliche Schriftlesungen.* Ostfildern 2012.

Ders.: *Johann Baptist Metz – Theologie des vermissten Gottes.* Mainz 1998.

Ders.: *Mehr als das Ganze. Nachdenken über Gott an den Grenzen der Moderne.* Ostfildern 2010.

Pithan, Annebelle/Wuckelt, Agnes (Hg.): *Miteinander am Tisch. Tische als Ort sozialer Utopien.* Münster 2019.

Scholl, Norbert: *Frohbotschaft statt Drohbotschaft. Die biblischen Grundlagen des Kirchenvolksbegehrens.* Styria/Graz u.a. 1997.

Seltmann, Uwe von: *Es brennt! Mordechai Gebirtig – Vater des Jiddischen Liedes*, Erlangen 2018.

Wagner, Doris: *Nicht mehr ich. Die wahre Geschichte einer jungen Ordensfrau.* Freiburg i.Br. 2014.

Dies.: *Spiritueller Missbrauch in der Kirche.* Freiburg i.Br. 2019.

Zweig, Stefan: Zweig, *Jeremias.* In: Tersites – Jeremias. Zwei Dramen, Frankfurt a. M. 1982.

B. Internetseiten

www.dbk.de/kirche-in-zahlen/kirchliche-statistik.
https://fowid.de.
www.fides.org.
www.zukunft-kirchen-raeume.de.

Liebe Leserin, lieber Leser,

das vorlegende Buch ist der Niederschlag persönlicher Erfahrungen mit „meiner" Kirche. Gewiss wird es zahlreiche ähnliche, aber zugleich auch eine Vielzahl anderer Erfahrungen von Menschen mit „ihrer" Kirche geben. Darüber würde ich gern in einen Erfahrungs-austausch treten und lade Sie darum ein, mir zu schreiben an

Kirchenschmelze@gmx.de.